O Super-Homem

para o além do

Transumano

Nietzsche e o Transumanismo

O Super-Homem

para o além do

Transumano

Nietzsche e o Transumanismo

Maria Helena de Novais

MN edições

ISBN: 978-65-00-59740-0

1ª edição – Outubro de 2021
2ª edição, revisada e ampliada – Dezembro de 2021
3ª edição – Dezembro de 2022

Revisão e diagramação: Elementar

Layout de capa: Maria Helena de Novais, a partir de desenho de Andreas Vesalius (1514 - 1564)

NOVAIS, Maria Helena de.

O Super-Homem Para o Além do Transumano: Nietzsche e o Transumanismo. / Maria Helena de Novais. São Paulo/ SP: Publicação Independente, 2022.

222 p.

Super-Homem / Além-do-Homem / Super-Humano / Transumano / Transumanismo / Nietzsche / Transvaloração

----

Divulgação - Filosofia - Ética

Contatos: Elementhar
http://helenanovais.com – perfeitoelemento@gmail.com.br

São Paulo - Brasil – 2022

Em memória de

Severino Floriano, meu avô;

meu tio Bernardo Floriano,

Irene Floriano e Benedicta Floriano, minhas tias;

e Luka, força da natureza sempre atuante,

pois o amor por tudo o que vive anula especismos.

“[...] conhecendo a força e as ações do fogo, da água, do ar, dos astros, dos céus e de todos os outros corpos que nos cercam, tão distintamente como conhecemos os diversos misteres de nossos artífices, poderíamos empregá-los da mesma maneira em todos os usos para os quais são próprios, e assim nos tornarmos como que senhores e possuidores da natureza.”

René Descartes,
Discurso do Método (1637)

“Os elementos de nova tecnologia enlaçam nossos afetos.”

J. G. Ballard,
Crash (1973)

AGRADECIMENTOS

Meus eternos agradecimento à Congregação das Irmãs de Santa Paula Frassinetti — em especial à Ir. Leonízia Izabel da Silva —, que garantiu recursos necessários às despesas da minha graduação em Filosofia pela Universidade São Judas Tadeu, sem nunca exercer qualquer inibição quanto às minhas decisões sobre os rumos dos meus estudos acadêmicos. Sem as Irmãs, a minha história na educação superior talvez nunca tivesse se iniciado.

À minha orientadora, Professora Dra. Luciana Zaterka que, já na graduação, me conquistou para a filosofia de Friedrich Nietzsche e para a grande aventura que é o esforço aplicado à construção do conhecimento em Filosofia, a partir do respeito pela tradição filosófica e da responsabilidade com a pesquisa séria e rigorosa.

Ao Professor Dr. Paulo Jonas de Lima Piva, que orientou meus primeiros passos na Iniciação Científica e novamente contribuiu com seus conhecimentos e aconselhamentos no Programa de Pós-Graduação em Filosofia da UFABC. Mais do que tudo, por não permitir que eu mesma me esqueça do valor das minhas pequenas conquistas. Obrigada, Professor!

À Professora Dra. Marília Mello Pisani, cuja sincera e profunda preocupação com os rumos da nossa sociedade foi decisiva na escolha do meu tema de pesquisa de pós-graduação. Este, embora tenha fugido ao escopo da teoria crítica, tem nela sua justificação primeira.

Obrigada, Professora, pelos ensinamentos e indispensável incentivo ao longo dos anos de estudo!

Ao Professor Dr. Renato Rodrigues Kinouchi, pelas indispensáveis contribuições, feitas por ocasião da qualificação desta pesquisa. Seus apontamentos acrescentaram novas e relevantes considerações que contribuíram, e muito, para os resultados finais deste estudo.

Aos Professores Dr. Wilson Antonio Frezzatti Junior e Dr. Victor Ximenes Marques, pela disponibilidade em participar da banca examinadora da minha dissertação de Mestrado, contribuindo com seus conhecimentos.

À Professora Dra. Nathalie de Almeida Bressiani pela análise do meu projeto de pesquisa, aconselhamentos e conhecimentos compartilhados! A todos os colegas da terceira turma do Programa de Pós-Graduação em Filosofia da UFABC, admitidos em setembro de 2017, que leram e discutiram as possibilidades do meu projeto inicial: Angélica Cristiane Martins, Caterine Zapata Zilio Barros, Eduardo Carvalho, Felipe Ribeiro, Giovanna Ramos Möller, Gustavo Mazzarão Rodrigues, Gustavo Penha Lemes da Silva, José Alexandre Thomaz Fogaça, Mario Henrique Miguel Pereira, Pedro Henrique Carquejeiro, Rafael Ferreira de Melo Brito da Silva, Renan Alves do Nascimento, Robério Honorato dos Santos, Roger Augusto Barbosa Montemor, Vagner Nunes Pereira, Vicente Augusto Gabriel Leite Cevolo, Zózimo Adeodato Fernandes.

Aos meus amigos, e também filósofos, que não desistiram de mim, apesar do distanciamento devido às exigências da dedicação aos estudos, Tereza Elane Santos e Dr. Daniel Gonçalves Borgoni.

À minha mãe, Maria Benedicta Floriano, e irmão, Denilson Paulo de Novais, pela parceria que me permitiu preparar a edição deste livro ao longo dos meses de pandemia.

Um agradecimento especial também cabe àqueles que leram e ou adquiriram a primeira edição deste trabalho, publicado em formato e-book e impresso pelo sistema Kindle da Amazon.com. Muito obrigado!

E, por fim, porém não menos importante, agradeço ao Universo, todos os dias, pelo privilégio da presença constante da companheirinha que esteve e está sempre ao meu lado, ajudando a equi-librar minhas paixões alegres e tristes, o meu "pacotinho de felicidade", a pequena Maya!

SUMÁRIO

PRÓLOGO

Nietzsche é comumente lembrado como o filósofo que matou Deus, o acusador, o anticristo. Entre todos os pensadores surgidos ao longo de vinte e cinco séculos de história da filosofia, eu o escolhi como foco das minhas pesquisas e venho estudado seus textos, sempre sem me ater diretamente às questões religiosas. É possível, porque Nietzsche escreveu sobre uma grande variedade de temas e, além disso, suas teorias têm como modelo a Física.

Nos primeiros anos de estudo, o que me atraiu foi a grande solidão do filósofo e sua necessidade de criar modos alternativos de vida, em consequência de uma saúde frágil — seus biógrafos contam que desde muito cedo ele teve de suportar fortes dores de cabeça e que, com o passar dos anos e o surgimento de outros distúrbios, tornou-se um viajante sempre em busca de climas amenos que, ele acreditava, ajudariam a abrandar seus sofrimentos. Porém, neste momento, sinto que não encarar a questão religiosa de frente seria um erro e eu o faço agora, como pedido, aos meus leitores e amigos, de licença temporária.

Explico: Nietzsche, crítico da cultura em geral e não apenas do Cristianismo, manteve um vínculo inegável com Heráclito — o filósofo pré-socrático, que teria afirmado que não se entra duas vezes no mesmo rio, pois da segunda vez já não se é mais o mesmo e nem o rio — e, conforme se percebe pela leitura de seus textos, não esteve imune ao entendimento de que tudo está em constante transformação. Assim, também o cristianismo estaria sujeito à mudanças? No entender de Nietzsche, Cristo, o Deus que se fez Homem, sim! O filósofo chega a afirmar que Cristo era por demais autêntico e nobre, e que sua constituição natural o teria levado a rever suas próprias doutrinas, se o seu tempo de vida terrena não tivesse acabado quando ele ainda era tão jovem e imaturo.

Sem dúvida a ideia de um Cristo jovem e imaturo é estranha e bastante incômoda. De qualquer forma, Nietzsche é respeitoso com o Homem Cristo em algumas passagens, dúbio em outras tantas, e sempre implacável com o cristianismo e seus seguidores. Para ele (entre outras várias considerações), o indivíduo cristão abre mão de sua autenticidade, distancia-se de sua própria essência natural quando tenta imitar o modo de vida que corresponde à essência única de Cristo.

Considerado que o cristianismo, enquanto movimento religioso, é dependente das leituras e interpretações que homens e mulheres de todos os tempos fazem dos textos bíblicos, é concebícel que sim, também ele estaria sujeito a transformações. Mas, as alterações, que caberiam às condições em que o povo de Deus interpreta Suas palavras, e consequentemente como as entende e as aplica à própria existência, não constituem o tema deste livro — daí o meu pedido de licença.

É meu desejo refletir sobre a questão religiosa, em específico, em outra oportunidade, a partir de outros estudos. Por enquanto, basta frisar: 1) os fundamentos das teorias denvolvidas por Nietzsche têm como base estudos científicos, encontrando respaldo, repito, na Física, teorizada até o século XIX, época em que o filósofo viveu; 2) a religiosidade mais desenvolvida dos nossos dias não tem a ciência e a filosofia como adversários. E, na verdade, a tradição cristã envolve as atividades de leigos e de membros de ordens religiosas que abraçaram os conhecimentos científicos como modo de melhor conhecer a obra de Deus, a Natureza. Vasto assunto, para ser tratado futuramente.

No presente estudo, importa que o pensamento de Nietzsche pode nos ajudar a refletir sobre o modo como estamos nos adaptando aos produtos científicos e tecnológico. Este, sim, o nosso assunto aqui!

De início é importante ter em mente que para discutir se devemos ou não entrar — de forma consciente, crítica e mais intensa — no caminho das tranformações do nosso corpo pela aplicação dos recursos tecnocientíficos, como prega o transumanismo, é importante estarmos conscientes do que significa ser um humano. É com a plena consciência da nossa condição humana que devemos decidir se queremos ser humanos, pós-humanos, transumanos... ou super-humanos/ super-homens/além-do-humano/além-homens. Se é que se pode decidir, ou simplesmente é apenas possível ser.

E se é possível decidir, colocar de lado a forma como nos é imposto viver para nos tornarmos aptos a criar um novo modo — mais consciente, crítico, livre, criativo, mais de acordo com nossas próprias necessidades, de modo a nos tornarmos indivíduos fisicamente e emocionalmente saudáveis, que vivem vidas plenas, satisfatórias, orientadas por propósitos que permitem construir legados que serão herdados pelas próximas gerações sem prejuízos —, não é tarefa nada simples. Implica, também, questionar: como nos tornarmos seres humanos autênticos, em harmonia com todas as nossas capacidades amplamente desenvolvidas, em um mundo onde as individualidades são sufocadas em nome de um suposto bem-estar coletivo que, no entanto, é pouco compreendido e menos ainda eficaz na promoção de real bem-estar?

É urgente decifrarmos o que não compreendemos, porque o incompreendido está a nos destruir, enquanto indivíduos e enquanto espécie. Os modos como nos comportamos em sociedade são partes de culturas que homens e mulheres, de diferentes gerações, construíram no dia a dia, ao longo de milênios, e legaram à posteridade. E se assim é, o esforço de entendimento deve começar por investigar, minuciosamente, essa construção e seus efeitos, identificando o que não é evidente e está a provocar resultados venenosos. Como ela surgiu e se mantém? Como ela está a nos envolver e direcionar nossas ações hoje? Poderíamos fazer diferente? Como?

Uma construção social é como um edifício com uma arquitetura que não é evidente para quem o observa de fora. Há cômodos que não são visíveis. Foram usados materiais diversos em condições desconhecidas. As paredes escondem caminhos ocultos percorridos por encanamentos e fiações. De dentro do edifício se tem pontos de vista impensáveis por quem nunca teve acesso a seu interior. E tudo isso e muito mais se une para formar a totalidade de possibilidades daquela construção. Uma totalidade invisível. E, não podemos esquecer: alguns prédios desabam quando os avisos prévios são ignorados.

O super-homem, como ideia, também é uma construção, Friedrich Wilhem Nietzsche (1844 – 1900), filósofo alemão, profundo conhecedor da história, da filosofia e das ciências de seu tempo, o criou e apresentou ao mundo e, desde então, o conceito é muitas vezes mencionado, nem sempre compreendido e poucas vezes tomado como modelo para a vida prática, como deveria ser — porque é difícil, é doloroso confrontar-se com um mundo de enganos e de autoenganos, e superá-los, tornando-se mais forte a cada nova armadilha formulada pelas ilusões.

A prática da filosofia nietzschiana tem ainda como obstáculo bases teóricas de difícil compreensão, registradas em textos curtos e ordenados em edições que, propositalmente, dificultam a compreensão de sua totalidade. O filósofo chegou a declarar ser sua intenção direcionar suas ideias apenas àqueles que tivessem conquistado os conhecimentos prévios que permitiriam compreendê-las. Resultado: textos envolventes, porque em linguagem quase poética, porém com significados nem sempre evidentes que acabam por gerar polêmicas e enganos interpretativos.

Transumano, por sua vez, é uma denominação que surgiu no início do século XX e passou a ganhar notoriedade crescente sobretudo a partir da década de 1980. Enquanto Nietzsche se esforçou para fazer da sua filosofia uma alternativa de superação de culturas permeadas por valores enfraquecedores das potencialidade humanas — e por isso culturas de dominação, de controle, de sujeição — o transumanismo nasceu na fronteira entre os enganos estabelecidos e a alienação mais traiçoeira, que pode não apenas enfraquecer como contribuir para destruir a espécie humana. Isso porque o transumanismo perigosamente flerta com ilusões e pode ser engolido por elas. Hoje, início da terceira década do século XXI, o transumanismo trava uma batalha exaustiva por esclarecer-se sobre si mesmo, tornando-se claro e distinto para si e não mais uma perigosa oportunidade de alienação, como tantas outras.

O que caracteriza intrinsecamente um e outro — o super-homem e o transumano — é, aqui, alvo de discussão, ou seja, aquilo para o que se dá a maior importância, que é fundamento, que determina, que é parâmetro orientador para os modos de pensar e de agir — os valores. Enquanto Nietzsche ensina que o mais importante é que o ser humano identifique e abrace o seu eu mais autêntico e aceite-se para superar-se, resignificando o mundo a partir dos propósitos mais elementares; o transumanismo afirma que o ser humano pode e deve alterar-se, transformar-se física e mentalmente, de acordo com suas próprias escolhas, quando o desejar, pela aplicação de conhecimentos tecnocientíficos. Os dois caminhos são irremediavelmente opostos? Se opostos, como optar por um ou outro, ou por um e também pelo outro, conscientemente e por livre opção? A escolha influi em ser, ou deixar de ser, membro da espécie humana?

Antes de discutirmos detidamente o que é um transumano e um super-humano, importa compreender a construção histórica do conceito de "humano" e o lugar que lhe cabe ao *Homo sapiens* como criador de valores. De início, é preciso entender que ideias não morrem. Parte da Filosofia, enquanto disciplina acadêmica, é história do pensamento. Estuda como as ideias fundantes da civilização ocidenral surgiram, se desenvolveram e continuam a constituir as estruturas de pensamento, ora de modo predominante, ora restrito, à margem.

Como criadoras de teorias, Filosofia e Ciências são âmbitos privilegiados em que se formam conhecimentos que são aplicados à produção e à economia. Estas as vias que influenciam, diretamente, as atividades cotidianas, a formação e a interiodade de cada homem e de cada mulher. Os registros escritos — textos filosóficos, científicos, literários, entre outros —, são indicadores das preocupações que envolvem os homens de diferentes épocas e, frequentemente, influenciadores dos modos de pensar no passado, presente e no futuro.

Se consideramos que diferentes áreas do conhecimento se formam a partir de ideias iniciais, entendemos que as ideias se infiltram nas bases das construções culturais, ou seja, uma ideia forte se torna o valor que norteia uma expressão cultural. O Direito

Ocidental, por exemplo, se ergue sobre noções básica de certo e errado, de justo e injusto, de bem e mal, que são valores morais formados sob influência dos valores cristãos. Estes por sua vez, remetem ao modo platônico e judaico de pensar: existe um mundo terreno e existe um mundo no além, ambos ordenados por um ente superior, Deus, criador de tudo o que existe, que é fonte determinante do que é o bom e o mau, conforme nos dizem as escrituras, o Antigo e o Novo Testamento, a Bíblia Sagrada. Nesse sentido, se pode dizer que o Direito tem, em suas bases, o modo platônico-judaico-cristão de pensar. O mesmo acontece com outras manifestações da cultura ocidental, seja no campo das ciência da natureza, seja no âmbito das ciências humanas.

Há outros modos de pensar possíveis? Certamente! E é possível criar novos, desde que se compreenda o que é o antigo modo, como superá-lo, com quais propósitos. De qualquer forma, estamos em processo. É preciso tomar consciência disso para não continuarmos repetindo os erros do passado e ou, ainda, agravá-los.

Por fim, vale um alerta: sabedoria e soberba são autoexcludentes. A filosofia séria tem muito da primeira e é inimiga da segunda, porque conhecimento só se faz possível por meio da colabo-ração para construção conjunta, agregando, não dividindo.

INTRODUÇÃO

Em fins da década de 1980, estudantes universitários europeus e norte-americanos conectavam-se por meio da emergente rede mundial de computadores. O entusiasmo com os avanços tecnológicos, então os inspirava a formar grupos de discussões sobre inúmeros temas vinculados às novas tecnologias e às possibilidades de concretizar antigos sonhos da humanidade, como a eliminação das doenças, a ampliação das capacidades humanas, o aumento do tempo de vida e mesmo a imortalidade. As reuniões virtuais, então devam origem a um movimento filosófico com foco multidisciplinar, que viria a ser "liderado" por filósofos e cientistas atuantes como docentes em algumas das mais tradicionais universidades do mundo.

Reunidos em instituições — como o *Extropy Institute* (fundado por Max More em 1992), a *World Transhumanist Association* (fundada por Nick Bostrom e David Pearce em 1998) e o *Institute for Ethics and Emerging Technologies* (fundado por Nick Bostrom e James Hughes em 2004) —, pensadores de diferentes áreas do conhecimento passaram a organizar-se com o intuito de atingir objetivos em comum: analisar as condições, possibilidades, consequências positivas e negativas da aplicação das ciências e das técnicas à transformação dos corpos humanos e dos modos de vida.

Mais do que realizar discussões teóricas, nas primeiras

décadas do século XXI tornaram-se influenciadores de grandes empresas e partidos políticos dispostos a concretizar seus objetivos na prática, como o Partido da Longevidade (surgido na Rússia, 2012), o Aliança Futurista (Espanha, 2013), o Partido Transumanista dos Estados Unidos (2015). Assim, o transumanismo tornou-se um movimento filosófico que viria a estratégias com vistas a promover a transformação dos homens[1] e da sociedade, de modo a construir uma ética do melhoramento humano.

Desde os anos 80, Friedrich Wilhelm Nietzsche (1844 — 1900) é mencionado como o principal precursor desse movimento. Um de seus conceitos mais importantes, o super-homem, ou além-do-homem (*Übermensch*)[2], acertadamente ou equivocadamente, teria servido de inspiração para os pensadores transumanistas. As discussões sobre a associação ou não de Nietzsche com o transumanismo geraram debates acirrados, que vêm se prolongando e fazendo surgir um número crescente de artigos produzidos por reconhecidos especialistas no pensamento nietzschiano[3]. Minhas próprias pesquisas, cujos resultados relato aqui, foram iniciadas em consequência dessa polêmica.

De início, considerei que a proposta nietzschiana de "aceitar

---

1. As palavras "homem" e seu plural, "homens", são empregadas aqui sempre em referência à espécie biológica, ou seja, como derivado de *homo, de Homo sapiens*.

2. Em nota explicativa, nas *Obras Incompletas*, Rubens Rodrigues Torres Filho observa que o termo em alemão, em Nietzsche, ganha o sentido de "ser humano que transpõe os limites do humano". O tradutor ainda observa que, no parágrafo 4, do Prólogo de *Assim Falou Zaratustra*, *Übermensch* aparece no sentido de travessia (*Hinüber*), passar (*Übergang*), atravessar (*hinübergehen*), de acordo com o jogo que é feito com *über* (sobre, por sobre, para além). Assim, o uso de "além-do-homem" parece contemplar muito mais o sentido original do termo, conforme aparece nos textos de Nietzsche, do que "super-homem" e por esse motivo, deste ponto em diante, passo a adotá-lo. — Cf. NIETZSCHE, F. W. *Obras Incompletas*. São Paulo: Abril Cultural, 1983, p. 397, nota 1.

3. Yunus Tuncel apresenta uma compilação desses artigos polêmicos aos quais voltarei a fazer referência no terceiro capítulo. — Cf. TUNCEL (Org.), Yunus. *Nietzsche and Transhumanism: precursor or enemy?* 1. ed. Newcastle: Cambridge Scholars Publishing, 2017.

a vida como ela é" diverge, irrefutavelmente, da defesa transumanista de alterar a própria constituição física em nome de uma melhoria idealizada. Porém, mais do que discutir se Nietzsche e transumanismo são compatíveis ou não, minha intenção é dar alguns passos para além da polêmica, pois uma vez que a contradição entre ambas as possibilidades é inegável, como um transumano poderia se tornar um além-do-homem? Como o cerne da divergência é o que valorizar — a aceitação ou a transformação —, direcionei o foco de minhas pesquisas à questão: como pode ocorrer a superação dos valores característicos do transumano pelos valores intrínsecos ao super-homem nietzschiano?

Como hipótese, ou resposta possível ao problema de pesquisa, considero que transumano e além-do-homem são conceitos caracterizados por bases valorativas distintas. Melhoramento humano pelas ciências e técnicas são elementos intrínsecos ao transumano; aceitação da vida como ela é, tornar-se o que se é e transvaloração de todos os valores são características inseparáveis do além-do-homem. Este pode ser alternativa ao segundo, desde que se percorra o caminho proposto por Nietzsche, ou seja, que o humano reconheça e aceite a vida como ela é, que se reconheça enquanto ser autêntico (tornar-se o que se é), que se coloque em processo contínuo de destruição e criação de novos valores éticos (transvalorar).

Assim, as próximas páginas apresentam os estudos realizados no processo de investigação da minha hipótese, e discorrem sobre:

1) o significado de transumano (conceito), de maneira a avaliar sua relação com a valorização do melhoramento humano pela aplicação das ciências e das técnicas

(cientificismo[4]);

2) a influência das ideias de melhoramento humano e de cientificismo na formação do pensamento transumanista, considerando o positivismo de Auguste Comte (1798–1857), o evolucionismo de Charles Darwin (1809–1882) e a eugenia de Francis Galton (1822–1911);

3) o significado do termo além-do-homem (ou super-homem), contextualizado na filosofia ética nietzchiana — de modo a reunir fundamentos que permitam refletir sobre as temáticas do melhoramento humano e do cientificismo, sendo eles a teoria das forças e o conceito de vontade de potência, a crítica nietzschiana às ciências, o niilismo como processo histórico de destruição e construção de novos valores, o homem-superior, o tornar-se quem se é como caminho de superação de si e a transvaloração de todos os valores.

4) associações possíveis do pensamento transumanista com o pensamento nietzschiano, identificando aproximações e distanciamentos, de maneira a reconhecer as possibilidades de transição da condição de transumano para a de além-do-homem.

Foram realizadas revisão bibliográfica relativa aos aspectos históricos e filosóficos, análise conceitual e reflexão filosófica. As principais obras estudadas foram Uma *História do Pensamento Transumanista,* de Nick Bostrom, em que o autor procura demonstrar a vocação humana, presente em todos os tempos, para ambicionar a superação dos limites impostos pela natureza;

---

4. Entendido como a compreensão de que a ciência é uma forma de conhecimento superior a qualquer outro e, por isso, capaz de solucionar definitivamente todos os problemas da humanidade.

Transumanismo: a busca tecnológica do melhoramento humano, obra de Antonio Diéguez (2017), que apresenta um estudo sobre a atualidade das discussões transumanistas; *A Gaia Ciência* (1882) e *Assim Falava Zaratustra* (1883–1885), de Friedrich Nietzsche, obras em que o filósofo aborda os conceitos que aqui discutimos.

O livro está dividido em três partes, cada uma tratando uma dimensão do tema — o transumanismo, a filosofia de Nietzsche, a transição do transumano para o além-do-homem —, com um capítulo cada. A abundância de notas de rodapé — que na presente edição privilegia a localização de referências em páginas de publicações nacionais — , além de esclarecimentos aos leitores tem por objetivo incentivar o aprofundamento nos temas tratados por meio de consultas às obras mencionadas. São indicadas obras estrangeiras apenas quando elas não foram traduzidas para a Língua Portuguesa e publicadas no Brasil.

No primeiro capítulo são analisados como dois dos mais influentes filósofos transumanistas, Nick Bostrom (1973 –) e Max More (1964 –), explicam essa tendência de pensamento. Em seguida, são identificadas aproximações e distanciamentos entre o transumanismo e: 1) o cientificismo como valor, conforme a filosofia positiva de Auguste Comte — cujas teorias serviram de fundamento para o estabelecimento do vínculo entre ciência e administração da sociedade capitalista industrial, verificável ao logo de todo o século XX; 2) a "melhoria do ser humano" como valor, de acordo com o evolucionismo darwinista e a eugenia galtoniana que explora a ideia de raça superior e a eliminação de raças inferiores.

O segundo capítulo é dedicado à Filosofia de Nietzsche. É apresentada sua teoria das forças e seu conceito de vontade de potência, ambos indispensáveis à compreensão da relação do homem com a formação da cultura ocidental e suas valorações. A crítica nietzschiana à ciência, abordada em seguida, denuncia a recusa do filósofo alemão a um tipo de prática científica que é adotada pelos transumanistas, além de sua proposta de criação de uma nova ciência, uma "gaia ciência".

No terceiro capítulo, à luz da proposta filosófica de Nietzsche, são retomados os conceitos de transumano e pós-humano, discutida a polêmica em torno da associação do filósofo alemão ao transumanismo como seu suposto percursor, e analisadas as possibilidades do transumano assumir características que são típicas do além-do-homem, ao longo de processos individuais de "tornar-se quem se é", aceitando a vida com suas dores e alegrias.

Como acontece com as grandes polêmicas, com as reflexões que ambicionam abarcar a totalidade de elementos envolvidos num mesmo tema e com os trabalhos dedicados a contribuir com os esforços para construção do conhecimento, também este livro pede a complementação crítica dos leitores atentos e visa a incentivar novas discussões.

PARTE I – O TRANSUMANISMO

"Uma vez que o homem é a mais importante matéria-prima, pode-se contar com que, com base nas pesquisas químicas atuais, serão instaladas, algum dia, fábricas para a produção artificial de material humano. As pesquisas do químico Kuhn, distinguido esse ano com o prêmio Goethe da cidade de Frankfurt, já abrem a possibilidade de dirigir planificadamente a produção de seres vivos machos e fêmeas, de acordo com as respectivas necessidades."

Martin Heidegger,
O Futuro da Natureza Humana (1945)

1. O TRANSUMANISMO E O CONTEXTO DAS DISCUSSÕES

Palavra de origem latina, composta pelo prefixo *trans* (que significa "além de", "através de", "de um para o outro", "para além de"), seguida de *humano* (forma adjetivada do termo latino *humanus*, referente à espécie *Homo sapiens), transumano* surgiu primeiramente no idioma italiano (*transumanar*) e, posteriormente, no inglês (*transhuman*). Seu derivado transumanismo[5] ganhou destaque ao designar algo que sempre esteve presente na história da humanidade, embora com configurações distintas, por vezes sutis, e mesmo sem nome: a inclinação para a busca pela superação dos limites do corpo humano.

Transumano também se refere a um movimento organizado, surgido nas últimas décadas do século XX e dirigido por renomados filósofos e cientistas, contando, inclusive, com o apoio de instituições de pesquisa, agenda comum, estruturas de gestão e metas a cumprir.

Este capítulo aborda as origens, o desenvolvimento e a atualidade do transumanismo, enquanto conceito e movimento filosófico

---

5. A grafia do termo traduzido para a Língua Portuguera também é alvo de polêmicas devido à falta de apontamento específico nas regras de ortografia. Em publicações de pesquisadores brasileiros podem ser encontrados trans-humano, transhumano e transumano. A tendência internacional é de manter o "h" em diferentes idiomas como referência à espécie *Homo sapiens*, de que deriva *homo* e humano. Optei por "transumano" seguindo as tendências dos dicionários de Língua Portuguesa e o acordo implícito nos dois Simpósios Internacionais, organizados no Brasil em 2020 e 2021 pelo Prof. Dr. Jelson Oliveira, docente da Pontifícia Universidade Católica do Paraná (PUC-PR).

organizado. São apresentadas as principais crítica e discutidos os fundamentos dos valores mais essenciais, intrínsecos, ou seja, o cientificismo e a melhoria do humano.

1.1 Antecedentes Históricos

Um dos transumanistas de maior destaque na atualidade, o filósofo sueco Nick Bostrom, é autor do artigo *História do Pensamento Transumanista*[6]. Nele, chama a atenção para evidências históricas do desejo humano de superar as próprias limitações, registradas em textos, cuja origem e autoria se perderam no tempo.

A Epopeia de Gilgamesh, texto sumeriano dos mais antigos, não tem autor identificado e nem se sabe ao certo quando foi escrito — provavelmente por volta de 1.700 a.C. Conta a aventura do rei que inconformado com a finitude da vida, desafia os mistérios do mar profundo em busca da alga, cuja ingestão lhe garantiria a imortalidade[7]. Também os mitos da Grécia antiga apresentam exemplos da insatisfação dos homens com seus limites. Dédalo, inventor e arquiteto, constrói para si e para seu filho, Ícaro, pares de asas ligadas com cera. Prometeu, por sua vez, solidário às necessidades humanas, roubou o fogo de Zeus e o entregou aos homens, a fim de melhorar suas condições de vida.[8]

Na busca por superação, frequentemente o resultado é o fracasso com consequências trágicas. Gilgamesh acaba por perder a alga e a vida. Encantado com a beleza do firmamento e ignorando

6. Cf. BOSTROM, Nick. *A History of Transhumanist Throught*. Disponivel na Internet em: http://www.nickbostrom.com/papers/history.pdf. Acessado em: 24 abr. 2018. / BOSTROM, Nick. A *History of Transhumanist Throught*. Disponivel na Internet em: http:// jetpress.org/volume14/freitas.html. Acesso em: 24 abr. 2021.
7. Para saber mais: ANÔNIMO. *A Epopeia de Gilgamesh*. São Paulo: WMF Martins Fontes, 2011.
8. Consultar: GRAVES, Robert. *Os Mitos Gregos*. Rio de Janeiro: Nova Fronteira, 2018.

os avisos paternos, Ícaro voa cada vez mais alto. Expõe ao calor do Sol a cera das asas que derretem, fazendo-o precipitar-se nas águas do Mar Egeu, onde desaparece.[9] Como punição, Prometeu é acorrentado por Zeus e abandonado ao relento, à mercê dos pássaros que devoravam seus órgãos à medida que eles voltam a crescer, num sofrimento que não acaba. Porém, mesmo diante de riscos, a vontade humana por ultrapassar-se não se detém.

Bostrom[10] nos conta que na Antiguidade esotéricos chineses se esforçaram por entrar em harmonia com as forças da natureza e, assim, conquistar a imortalidade, enquanto alquimistas trabalharam incansavelmente para encontrar o elixir da longa vida e a fonte da juventude[11]. Embora sem sucesso, algumas de suas tentativas teriam contribuído para o desenvolvimento das ciências químicas na Modernidade.

O início da Idade Moderna marca uma nova etapa dessa longa aventura, com o nascimento da ciência experimental que combinaria observações empíricas com análise racional, encaminhando a busca pelo conhecimento por caminhos que se distanciariam de dogmas religiosos e das especulações místicas. Nesse período, são inúmeros os registros do esforço humano por viver mais e melhor — seja na filosofia, nas ciências ou nas artes. Para tanto, desenvolveram-se conhecimentos e técnicas favoráveis à cura das doenças e ao prolongamento do tempo de vida.[12]

---

9. Idem. Idem.

10. BOSTROM, Nick. *A History of Transhumanist Throught*. Op. cit.

11. Consultar também: ELIADE, Mircea. *Ferreiros e Alquimistas*. São Paulo: Zahar, 1977.

12. Não há aqui a intenção de apresentar um levantamento detalhado de quais obras teriam sido mais influentes, pois estaríamos nos desviando de nossos objetivos. Bastam algumas breves citações que denunciam a constância das preocupações com a ampliação das capacidades humanas ao longo da História. Recomenda-se a consulta das obras citadas, a título de indicação de leitura.

No limiar da Modernidade e imerso no humanismo renascentista[13] — que encorajava os homens a confiar em suas próprias observações e no próprio julgamento, criando o ideal de pessoa equilibrada, desenvolvida fisicamente, culturalmente, espiritualmente e eticamente —, Giovanni Pico Della Mirandola (1463 – 1494), em seu *Discurso Sobre a Dignidade do Homem* (1486), foi dos primeiros a proclamar que o ser humano não tem uma forma pronta, acabada, sendo responsável por moldar-se[14], contando, inclusive, com a permissão de Deus que lhe teria garantido o livre-arbítrio. Em seu texto, Pico questiona como refundar a moral, então esvaziada de referências e conclui: o próprio homem possui dignidade suficiente para ser parâmetro e fundador de uma nova moral.

O *Discurso* de Pico tem como ponto de partida o diálogo *Protágoras*, escrito por Platão[15]. Neste último, o sofista Protágoras (481 – 411 a.C.) é representando como personagem de uma narrativa fabulosa sobre a criação do mundo. Nela, o Grande Arquiteto, Deus, cria um Universo perfeitamente ordenado, onde o céu, a Terra, os animais e as plantas, com suas propriedade específicas coexistem harmoniosamente, em um todo perfeito. Diante de sua obra acabada, Deus teria desejado que ela fosse admirada, percebida sua beleza e compreendida sua perfeição. Para tanto, decidiu-se por criar os humanos, seres que possuiriam todas as qualidade necessárias à percepção da grandiosidade da criação divina.

No entanto, Deus já havia distribuído todos os dons de que dispunha aos seres superiores (anjos e arcanjos) e inferiores (ani-

---

13. Entre os séculos XIV e XVI. Surgiu e ganhou força na Itália, mais especificamente em Floreça, dali disseminando-se pela Europa. Inspirado pelo classicismo grego, envolveu todos os âmbitos das atividades intelectuais e artísticas.
14. DELLA MIRANDOLA, Giovanni Pico. *Discurso Sobre a Dignidade do Homem.* Lisboa: Edições 70, 2006.
15. PLATÃO. *Protágoras.* Trad. Daniel. R. N. Lopes. São Paulo: Perspectiva, 2017.

mais e plantas). Nada restava para ser atribuído aos homens. Deus, então teria se decidido por criar o homem sem um modelo específico e sem um lugar determinado na hierarquia de suas criações. Consequentemente, o homem não estaria preso a limites definitivos, nele nada estaria finalizado, fixado. E justamente por nele nada estar acabado é que ele seria o único, entre os seres viventes, que poderia optar, livremente, por transformar-se livre-mente.[16]

Seguindo esse raciocínio, Pico defende que o homem pode reconfigurar-se, recriar-se, assumir diferentes funções, inventar e reiventar-se e a seu futuro. Nesse sentido, a ausência de dons é o maior dos dons, pois torna o homem o mais admirável dos seres, o portador do dom da liberdade. Não é à toca, que O *Discurso* e a doutrina da dignidade do homem, apresentada nele, são frequentemente mencionados em obras transumanistas.

O resgate que Pico faz do diálogo escrito por Platão representa, ao mesmo tempo, uma negação da moral aristocrática grega[17] e, também, uma ruptura com a moral teológica judaica-cristã[18]. A concessão do livre-arbítrio, feita por Deus aos homens, não fica reduzida à relação de obediência ou de punição pela deso-bediência.

O homem que se tortura pela culpa pode dela se desvenciliar, entendendo-a como oportunidade de aprendizado e de recriação. Mirandola não foi um herege ou um ateu. Em sua religiosidade, conciliou a teologia e o humanismo, sob as bênçãos de um Deus generoso e amante de suas criaturas.

---

16. Idem. Idem.

17. A civilização grega clássica tinha como característica a ordem aristocrática. Nela, entendia-se por superior e digno de governar aquele que se destacava por "força de sua própria natureza". Os aristocratas, então guerreiros conquistadores e os proprietários de terras, não trabalhavam, pois se entendiam como privilegiados pela natureza, perfeitos. O trabalho era ocupação que devia ser realizada pelos inferiores.

18. Defende ser o homem apenas parte do mundo e sujeito às leis de um único Deus.

> Ó Adão, não te demos nem um lugar determinado, nem aum aspecto que te seja próprio, nem tarefa alguma específica, a fim de que obtenhas e possuas aquele lugar, aquele aspecto, aquela tarefa que tu seguramente desejares, tudo segundo o teu parecer e a tua decisão. A natureza bem definida dos outros seres é refreada por leis por nós prescritas. Tu, pelo contrário, não constrangido por nenhuma limitação, determina-la-as para ti, segundo o teu arbítrio, a cujo poder te entreguei. Coloquei-te no meio do mundo para que daí possas olhar melhor tudo o que há no mundo. Não te fizemos celeste nem terreno, nem mortal nem imortal, a fim de que tu, árbitro e soberano artífice de ti mesmo, te plasmasses e te informasses, na forma que tivesses seguramente escolhido. Poderás degenerar até aos seres que são as bestas, poderás regenerar-te até às realidades superiores que são divinas, por decisão do teu ânimo.[19]

Também apontado por filósofos e historiadores como o inegável influenciador de uma revolução dos modos de pensar e de construir conhecimentos, Francis Bacon (1561 – 1626), por sua vez, é o autor de *Novum Organum* (1620)[20] — a nova ferramenta —, obra que propõe o projeto de usar a ciência como instrumento capaz de levar o homens a alcançar o domínio da natureza e a consequente melhoria das condições de vida da humanidade.[21] Para tanto, apresenta uma metodologia científica baseada em investigação empírica e na análise racional.

Bacon não chega a defender diretamente que se modifique o corpo humano, porém não exclui totalmente essa possibilidade. Chega a expressar a intenção de "prolongar a vida", promover o "fortalecimento dos nervos", das "partes vitais" e do "próprio sulco e substância corporal".

---

19. DELLA MIRANDOLA, Giovanni Pico. *Discurso Sobre a Dignidade do Homem.* Op. cit. p. 51.
20. BACON, Francis. *Novun Organun.* In: Os Pensadores. São Paulo: Abril, 1973.
21. Cf. BACON, Francis. *Nova Atlântida e a Grande Instauração.* Lisboa: Edições 70, 2008.

> Entre outras, possuímos uma água a que chamamos de *água do paraíso,* que segundo o uso que dela fazemos é realmente soberana para a saúde e para o prolongamento da vida. [...] Temos também certas câmaras a que chamamos de *câmaras de saúde,* nas quais regulamos o ar do modo considerado bom e adequado à cura de diversas doenças e à restauração da saúde. Temos também magníficos e amplos banhos, com variadas misturas, para a cura de enfermidades e para a restauração do corpo do excesso de secura, bem como outros· para o .revigoramento dos músculos, das partes vitais e do próprio suco ou substância do corpo.[22]

A herança do humanismo renascentista, combinada com a influência do projeto baconiano e de seus adeptos, viria a influenciar a formação da uma nova racionalidade, que elegeria a ciência empírica e a reflexão crítica como meios de investigar o mundo natural e de redefinir o lugar da espécie humana nele. Nos séculos XVIII e XIX se estabeleceu a ideia de que as condições da vida humana poderiam ser desenvolvidas através da aplicação do conhecimento científico. Entendendo-se que se os humanos são constituídos de acordo com as mesmas leis da Física e da Química, então deveria ser possível aprender a manipular a natureza humana, tendo como exemplo a manipulação de materiais.

Em 1748, o médico francês Julien Onffray de La Mettrie (1709 – 1794) — partindo de seus estudos de ciência natural, anatomia e observações do próprio corpo —, publicou *O Homem-Máquina,* obra em que apresenta sua concepção do ser humano como sistema mecânico autodeterminado. Para La Mettrie, o corpo humano funciona de acordo com os princípios de uma mecânica metabólica, determinada por dispositivos internos de funcionamento e controle. A tais mecanismos, que programam a vida do corpo, ficam submetidas as capacidades da mente, do raciocínio e da

---

22. BACON, Francis. *Novun Organun.* Op. cit. p. 270.

consciência. Assim, em um ambiente social predominantemente cristão, La Mettrie colocava em dúvida a ideia do humano como criação divina e mesmo da própria existência do divino, proclamando que "o homem é apenas um animal, ou uma coleção de molas que se enroscam". [23]

Ainda no século XVIII, Marie Jean Antoine Nicolas de Caritat (1743–1794), o Marquês de Condorcet, escreveu a obra *Esboço de Um Quadro Histórico dos Progressos do Espírito Humano* (1795), em que analisa o conjunto das realizações humanas no campo das organizações sociais, das ciências e das técnicas em geral. Também especula sobre as possibilidades de extensão da vida humana por meio da aplicação da ciência médica que, em seu entender, viria a fazer progressos constantes e chegaria a estender, indefinidamente, o tempo de vida. [24]

Em fins do século XVIII, apesar da valorização da emocionalidade e da religiosidade, feita pelos românticos [25], o Iluminismo [26] legava à posteridade a crença no poder da racionalidade e do conhecimento científico. A literatura, como na Antiguidade, registrava o anseio pela superação dos limites impostos pela natureza, o espanto diante do desconhecido, o medo dos riscos e insucessos.

O século XIX viu nascer um dos primeiros e mais impactantes romances de ficção científica moderna. Em 1818, Mary

---

23. LA METTRIE, Julien Offray de. *L'Homme-Machine*. Arcueil: Numilog, 2001, p. 107.
24. Cf. CONDORCET. *Quadro Histórico dos Progressos do Espírito Humano*. Campinas: Unicamp, 2013.
25. Movimento cultural surgido na Europa em fins do século do século XVIII, prolongando-se até o século XIX. Envolveu as artes plásticas, a literatura, a filosofia e a vida política. Suas principais características são a valorização do individualismo, da passionalidade, da natureza, da religiosidade e do nacionalismo em detrimento do uso exacerbado da razão.
26. Surgido Europa do século XVIII, o Iluminismo foi um movimento cultural pautado pelo uso da razão como fonte de autoridade, a separação entre interesses políticos e vida religiosa, a defesa dos ideais de igualdade, liberdade e fraternidade.

Shelley (1797 – 1851) publicava *Frankstein, o Prometeu Moderno* — a história do estudante de medicina que levaria a ciência às últimas consequências, da morte criando a vida que o destruiria.[27]

Mas foi *A Origem das Espécies* (1859)[28], de Charles Darwin (1809 – 1882), que deu um novo impulso às pesquisas científicas associadas à melhoria do humano. Nele o autor afirma que as espécies evoluem, sobrevivendo aquelas que melhor se adaptam ao ambiente em que está inserida. O evolucionismo de Darwin tornou plausível entender a versão atual da humanidade não como ponto final da evolução, e sim como processo em permanente continuidade. E foi no ambiente científico experimental, impulsionado pelas ideias evolucionistas, que ganhou destaque o termo "transumano".

1.2 O Conceito

No início do século XX, pela primeira vez, John Haldane (1892 – 1964) apresentou ideias próximas às que hoje são atribuídas ao transumanismo. Julian Huxley (1887–1975), também biólogo foi quem   inseriu nas discussões científicas o termo "transumano", mais tarde associado às práticas da vida cotidiana pelo professor F. M. Esfandiary (1930 – 2000).

Nascido em Oxford, Inglaterra, de família aristocrática (filho do filósofo e cientista John Scott Haldane), desde muito cedo John Burdon Sanderson Haldane esteve envolvido com estudos e pesquisas em biologia, fisiologia e genética. Considerado um dos cientistas e divulgadores da ciência mais importantes de sua geração, no ensaio *Dédalus: ou a ciência e o futuro* (1927) apresenta uma longa explanação sobre o desenvolvimento científico e tendências de

27. SHELLEY, Mary. *Frankstein, ou o Prometeu Moderno*. Rio de Janeiro: Dark Side Books, 2017.
28. DARWIN, Charles. *A Origem das Espécie.* São Paulo: Edipro, 2018.

futuro. Segundo ele, os novos conhecimentos torna-riam a vida "cada vez mais complexa, artificial e rica em pos-sibilidades". Aplicações do conhecimento da genética e da ectogê-nese[29] ao melhoramento humano levariam a grandes bene-fícios, embora contribuindo para "aumentar indefinidamente os poderes do homem para o bem e para o mal".[30]

Como Haldane, Julian Huxley foi um incansável divulgador do conhecimento científico. Nascido em Londres, Inglaterra, foi defensor do internacionalismo, das ideais evolucionistas de Charles Darwin e da eugenia de Francis Galton. Tornou-se diretor da *United Nations Educational, Scientific and Cultural Organization* (UNESCO), em 1946. Foi *Presidente da British Eugenics Society*, de 1959 a 1962, e da *British Humanist Association*. Huxley usou o termo "transumano", pela primeira vez associado às ciência e às técnicas, em seu livro *Religião Sem Revelação* (1922). São dele as palavras:

> A espécie humana pode, se assim o desejar, transcender-se a si mesma. Não apenas esporadicamente, um indivíduo aqui de uma certa maneira, um indivíduo ali de outra, mas como humanidade. Precisamos de um nome para essa nova crença. Transumanismo serve, porque o homem continua a ser homem, mas transcendendo-se graças às novas possibilidades de e para a sua natureza humana.[31]

Neste texto, Huxley não tem a ciência como foco único. Suas explanações tomam como princípio os fundamentos éticos frente às

---

29. Conjunto de teorias e técnicas relativas ao processo de gestação de bebês de forma artificial, ou seja, fora do útero materno. Haldane foi o primeiro a sugerir o conceito que, mais tarde, tornou-se conhecido como fertilização *in vitro*.

30. HALDANE, John. Dédalus: ou a ciência e o futuro. Disponível na Internet em: https://www.marxists.org/archive/haldane/works/1920s/daedalus.htm. Acesso em: 02 mai. 2019.

31. HUXLEY, Julian. *Religião Sem Revelação*. Disponível na Internet em https:// archive.org. detais/in.ernet.dli.2015.90330/page/n5. Acesso em: 02 mai. 2019.

experiências religiosas do bem e do mal, capacidades criativas e destrutivas. Em seu entender, ciência e religião devem ser pensadas à luz da crítica. É preciso estar sempre apto a analisar racionalmente as experiências do coração, assim como os procedimentos matemáticos e experimentais devem sempre passar pelo crivo da racionalidade crítica. No entender de Huxley, a reprodução humana planejada, de maneira a favorecer as características humanas desejáveis, é um caminho útil para estabelecer entre os homens os sentimentos mais elevados defendidos pela religiosidade, favorecendo assim o avanço moral da humanidade pela supressão das deficiências hereditárias que determinariam a falta de atributos éticos, como a compreensão e a harmonia entre os homens.

Assim, na perspectiva de Huxley, a espécie humana pode superar suas próprias limitações ao incorporar novas características que favoreçam o desenvolvimento de princípios e comportamento correspondentes ao ideal ético-religioso cristão. Com foco no processo de transformações, é a esse estágio de expansão das capacidades humanas que Huxley denomina transumanismo.

Também considerado como um dos primeiros transumanistas, Fereidoun M. Esfandiary (1930–2000), conhecido como FM-2030, lecionou na *New School for Social Research*, em Nova York, onde teria feito uso do termo transumanismo a partir da década de 1960.

Em seu livro *Você é um Transumano? Monitorando e Estimulando Sua Taxa Pessoal de Crescimento Num Mundo em Rápida Mudança* (1989)[32], Esfandiary associa os recursos tecnológicos às mudanças dos hábitos de vida. Em seu entender, o

---

32. Cf. ESFANDIARY, F. M. *Are you a Transhuman? Monitoring and Stimulating Your Personal Rate of Growth In a Rapidly Changing World*. New York. Warner Books, 1989.

homem natural[33], cujos hábitos estão em transformação devido ao uso de novas tecnologias é um transumano. Com formato próximo ao dos manuais, o livro apresenta questionários que se propõem a orientar o leitor quanto à medição de sua própria adaptação ao uso das tecnologias.

Esfandiary considera como parâmetros: a atualização individual quanto a informações, valores, estilo de vida e uso de tecnologias; a capacidade adaptativa à velocidade das mudanças, novas tecnologias e novos contextos; a clareza quanto às necessidades de desenvolvimento profissional; a adesão ao contexto industrial, marcado por alto estresse e baixo rendimento *versus* transição para o estágio pós-industrial de alto rendimento; o uso de próteses e cirurgias plásticas; uso intensivo de telecomunicações; visão cosmopolita e estilo de vida globalizante; androginia; reprodução mediada (como fertilização *in vitro*); ausência de crenças religiosas e rejeição de valores familiares tradicionais. Esses são alguns dos elementos que Esfandiary associa às transformações do homem natural, provocadas pelo uso dos mais avançados recursos tecnológicos na sociedade capitalista de fins da década de 1970.

Para Esfandiary importam, sobretudo, o acesso a novas experiências, o aprendizado constante, a adaptação física e mental a recursos tecnológicos que possibilitam percorrer grandes distâncias (onde possam ser vivenciadas novas situações e assimiladas novas informações), a expansão das capacidades do corpo e do pensamento, a adaptação aos novos valores surgidos das transformações impulsionadas pelas novas tecnologia. A vida é o valor supremo. Mantê-la, explorando novas possibilidades e ampliando as próprias possibilidades ao máximo,

---

33. Aqui entendido como "natural" aquilo que não sofre intervenção humana.

harmoniosamente e pelo maior tempo possível, é a **ambição** suprema. Esfandiary almeja a imortalidade e a vida plena.

> O crescimento em cada um de nós é desigual. (Isso explica a natureza errática do progresso mundial). Avançar em algumas áreas, mas ficar para trás em outras. Muitas pessoas se lisonjeiam de serem "progressistas", ignorando convenientemente o fato de que se atrasam em grandes áreas da vida. Nós crescemos melhor quando crescemos em todas as áreas principais. Essas disparidades podem ser alinhadas.[34]

Aquele que está em processo de adaptação deve aprende sobre si mesmo e sobre contextos em permanente mudança, no cotidiano presente adaptar-se ao futuro, devendo fazê-lo nas principais áreas da vida. A abordagem de Esfandiary não é apenas quantitativa, biológica e física, mas também religiosa e ética. Critica valores vigentes, como o patriarcado, o racismo, as limitações de gênero, as superstições religiosas, ainda hoje tidos por parte da sociedade como únicas explicações de mundo. Assim, em seu entender, a evolução humana não deve dissociar-se da evolução de valores éticos.

> Até os religiosos estão se movendo para órbitas superiores. John Bennett — ex-presidente da União de Seminário Teológico de Nova York — recentemente divulgou uma lista de dezessete "desumanas" posturas por muito tempo defendidas pela liderança da igreja e que agora foram abandonadas ou estão cada vez mais em desuso. Estes incluem: "superioridade masculina — supremacia branca — excessos de capitalismo — nacionalismo restrito — apoio à pena de morte — crença na inerente pecaminosidade da sexualidade". Conservadores americanos que até recentemente apoiavam a segregação racial

---

34. ESFANDIARY, F. M. *Are you a Transhuman?* Op. cit., p. 156.

nos Estados do sul hoje condenam abertamente o *apartheid* na África do Sul.[35]

O transumano, ser humano em transformação, em sintonia com os avanços tecnológicos de seu tempo, também em progressão cultural e ética, pode ascender a uma nova categoria, a de pós-humano. Em Esfandiary o conceito de pós-humano aparece atrelado à colonização espacial. Segundo ele, a exploração do espaço sideral "acelera nossa transformação de organismos humanos, animais específicos da Terra, para extraterrestres pós-humanos"[36]. O acesso a novas dimensões espaciais levaria a novas conexões com outras espécies inteligentes e, consequentemente, a um "poderoso impulso para a frente", proporcionado pelas novas experiências vivenciadas, novos conhecimentos assimilados, consequentes transformações das estruturas físicas e do pensamento. A tal oportunidade, Esfandiary dá grande importância e, em seu entender, ela ocorrerá no final do século XXI.

> Em uma questão de semanas ou meses, poderíamos ultrapassar mil anos (anos terrestres do século XX). Talvez um milhão de anos. Podemos ser poupados de toda a dor e sofrimento que de outra forma inevitavelmente sofreríamos se evoluirmos por conta própria. Podemos, de um dia para o outro, eliminar o envelhecimento e a morte — a mais trágica história de horror que cada um de nós enfrenta.
> Podemos melhorar significativamente o nível e o escopo de nossa inteligência.
> Podemos ser ajudados a converter nossas fisiologias absurdamente frágeis em corpos mais duráveis e inteligentes.
> Podemos aprender a eliminar toda a violência — violência entre as pessoas e violência entre os animais. Podemos aprender maneiras de obter acesso rápido à abundância do universo.
> Poderíamos finalmente aprender sobre as origens exatas e tamanho e conteúdo e idade do nosso universo ou

---

35. Ibidem, p. 113.
36. Ibidem, p. 110.

universos.

Poderíamos mostrar maneiras de recriar o passado — talvez remontando ondas de som e luz.

Nós podemos rapidamente aprender técnicas de transmissão para além do nosso sistema solar, para brincar em torno da Via Láctea.

Quem sabe quais novas habilidades e informações podemos adquirir como resultado de tal conexão.

De repente, não seremos mais organismos primitivos rastejando sobre uma rocha hostil no Espaço.

Temos tudo a ganhar com o contato direto com uma civilização estelar mais avançada.[37]

Assim, também Esfandiary, à semelhança de Huxley, enfatiza o processo de mudanças. O homem é um ser em transição; mudanças de hábitos provocam transformações orgânicas e mesmo de suas estruturas cerebrais. O uso de novos dispositivos científicos e tecnológicos faz do transumano um ser que assume novos comportamentos, hábitos, rotinas, novas configurações corporais, interioridade ou um novo universo mental. Como resultando, surgem novas interações entre homens e natureza, uma nova cultura, com diferentes valores e subjetividade. Em contato com outras espécies inteligentes, o transumano viria a adquirir novos e imprevisíveis conhecimentos, o que impulsionaria seu desenvolvimento a uma etapa pós-humana.

Em meio ao entusiasmo provocado pelas novas tecnologias digitais, as ideias transumanistas estavam em pleno desenvolvimento quando Max More[38] publicou *Transumanismo: em direção a uma filosofia futurista* (1990)[39], procurando fundamentar o que seria o

---

37. Ibidem, p. 110.

38. Max O'Connor filósofo britânico mais conhecido como Max More. Defendeu seu Doutorado pela *University of Southern California* (1995). Foi fundador do *Extropy Institute*. É CEO da Alcor *Life Extension Foundation*, organização norte-americana que oferece serviços de suspensão criônica.

39. MORE, Max. *Transhumanism: toward a futurist Philosophy*. Disponível na

Movimento Transumanista. Nas palavras de More, transumanismo é uma

> [...] filosofia que busca nos guiar em direção a uma condição pós-humana. Transumanismo compartilha muitos elementos do Humanismo, incluindo o respeito pela razão e pela ciência, um compromisso com o progresso e uma valorização da existência humana (ou transumana) 'terrena', em vez de alguma pós-vida sobrenatural. Transumanismo difere do humanismo ao reconhecer e antecipar as radicais alterações na natureza e as possibilidades de nossas vidas resultantes de várias ciências e tecnologias, tais como a neurociência e a neurofarmacologia, o prolongamento da vida, a nanotecnologia, a ultra-inteligência artificial, combinadas com uma filosofia racional e um sistema de valores.[40]

Nota-se que em More (2018) a ênfase não está mais no processo de mudanças, como em Huxley (2019) e em Esfandiary (1989), e sim nos objetivos. A filosofia transumanista, no entender de More é aquela que tem por finalidade nos guiar em direção à pós-humanidade, empregando conhecimentos filosóficos, científicos e análise crítica para nos elevar, de mameira segura e ética, a um novo patamar evolutivo.

Em *O Leitor Transumanista: Ensaios Clássicos e Contemporâneos sobre a Ciência, Tecnologia e Filosofia do Futuro Humano*, More e Vita-More (2013) afirmam que a humanidade poderia iniciar um período de expansão do conhecimento e que tal período levaria a uma maior liberdade, sabedoria e longevidade. Estes autores deixam claro que, para eles, a natureza humana não é mais do que um estado de passagem da constante evolução humana, não se justificando, portanto, nenhuma lealdade à sua preservação. Tendo conquistado o conhecimento necessário, pela aplicação

---

Internet em: http://fennetic.net/irc/extropy/ext6.pdf. Acessado em: 24 abr. 2018.
40. Idem. Idem.

cuidadosa da tecnologia, os homens estariam em condições de dirigir os rumos da evolução humana, que não mais estaria sujeita aos caprichos da contingência. Assim, a humanidade caminharia para a pós-humanidade.[41]

As discussões atualmente em curso envolvem filósofos e cientistas que têm como objetivo promover, na prática, a superação da espécie humana, em seu estado atual, pela aplicação do conhecimento científico e tecnológico, de modo a redesenhá-la e transformá-la, potencializando-a. Nesta linha de pensamentos é possível detectar duas propensões: há aqueles focados em estudos biológicos, genéticos, médicos e farmacológicos, enquanto outros privilegiam, prioritariamente, as especulações e realizações de engenheiros e físicos.

As pesquisas levadas a cabo pela área das ciências exatas e que vêm chamando a atenção dos filósofos transumanistas atêm-se a temas relativos à engenharia de *software*, à inteligência artificial e à robótica. Alguns dos pesquisadores mais influentes são Marvin Minsky (1927–2016), matemático norte-americano que desenvolveu estudos cognitivos na área da inteligência artificial; Hans Moravec (1948 –), engenheiro austríaco dedicado à robótica e à inteligência artificial; Raymond Kurzweil (1948 –), inventor norte-americano, escritor e divulgador da ciência.

Os transumanistas que orientam suas reflexões com base em resultados de pesquisas desenvolvidas por cientistas dedicados às ciências biológicas, genéticas, médicas e farmacológicas são os interessados no melhoramento biomédico. Neste segmento, alguns dos principais influenciadores são John Harris (1945 –), filósofo e

---

41. Cf. MORE, Max; VITA-MORE, Natasha. *The Transhumanist Reader: Classical and Contemporary Essays on the Science, Technology, and Philosophy of the Human Future*. New Jersey: Wiley-Blackwell, 2013.

bioeticista britânico, professor e diretor do Instituto para Ciência, Ética e Inovação da Universidade de Manchester; Julian Savulesco (1963 –), filósofo e bioeticista australiano, professor da Universidade de Oxford; e George Church (1954 –), geneticista e químico norte-americano, professor da Universidade de Harvard.

A engenharia genética, quanto a aplicações possíveis a seres humanos, tem como objetivos alcançáveis no futuro a eliminação de genes considerados defeituosos, a inserção e ou potencialização de genes com qualidades desejáveis, mesmo quando procedentes de outras espécies. Já a biologia sintética permite criar, em laboratório, genes artificialmente desenhados para fins específicos, capazes de fazer com que as células adquiram funções radicalmente novas.

Até aqui, vimos que o termo transumanismo surgiu no início do século XX para designar linhas de pensamento que têm em comum a defesa da transformação das características humanas pelo uso do conhecimento científico e dos recursos tecnológicos. Os transumanistas compreendem que o ser humano, que está em constante transformação, sob influência de novos conhecimentos que alteram suas condições subjetivas, e de novos produtos que transformam sua condição orgânica, é um transumano. Por seu caráter multidisciplinar, a ciência oferece benefícios em diferentes perspectivas e variados recursos técnicos que podem impactar corpo e mente, de forma abrangente e em velocidade crescente. Quanto maior o conhecimento adquirido, maior a transformação humana; quando maior a mudança de comportamento, hábitos e estilo de vida, em função da assimilação dos efeitos das novas tecnologias, maior e mais profunda a transformação.

A princípio parece lógico pensar que a partir de um certo estágio de transformações o humano torna-se um pós-humano —

sendo possível definir previamente as características desejadas, como capacidade de adaptação às novas condições de vida, inteligência, superioridade ética, longevidade ou imortalidade, entre outras. Porém, a partir de qual ponto um transumano passa a ser um pós-humano? É uma questão polêmica, que vamos deixar em aberto por enquanto para retomarmos mais adiante.

1.3 Transumanismo Como
Movimento Filosófico Organizado

O transumanismo, organizado enquanto movimento filosófico propriamente dito, é tecnocientífico. Tem seu marco inicial em 1983, ano em que Natasha Vita-More[42] (1950 –) divulgou pela Internet os princípios destacados no *Manifesto Transumano*.

> 1. A humanidade é suscetível de ser profundamente afetada pela ciência e tecnologia no futuro. Prevemos a possibilidade de ampliar o potencial humano superando o envelhecimento, as limitações cognitivas, o sofrimento involuntário e nosso confinamento ao planeta Terra.
> 2. Acreditamos que o potencial da humanidade se encontra, na maior parte, não realizado. Existem situações possíveis que levam a condições humanas maravilhosas e extremamente valiosas.
> 3. Reconhecemos que a humanidade enfrenta sérios riscos, especialmente devido ao uso inadequado de novas tecnologias. Existem possíveis situações realistas que levam ao desaparecimento da maioria, senão de tudo, aquilo que consideramos valioso. Algumas dessas situações são drásticas, outras são sutis. Embora todo progresso seja mudança, nem toda mudança é progresso.

42. Natasha Vita-More é Doutora em Artes e Design de Mídia pela *Plymouth University*. Atualmente é Presidente do Conselho de Diretores da Humanity+ e Professora *da University of Advancing Technology*, do Arizona. Membro do *Institute for Ethics and Emerging Technologies*. Foi Presidente do *Extropy Institute* entre os anos de 2002 e 2006. Foi amiga de Esfandiary e é esposa do filósofo transumanista Max More. Considerada a primeira filósofa transumanista.

4. É necessário um esforço de pesquisa para entender esses prognósticos. Precisamos deliberar cuidadosamente sobre a melhor maneira de reduzir riscos e facilitar aplicações benéficas.

5. A redução dos riscos existenciais e o desenvolvimento dos meios para a preservação da vida e da saúde, o alívio do sofrimento grave e a melhoria da previsibilidade e da sabedoria humana devem ser promovidos como prioridades urgentes e ser fortemente financiados.

6. O desenho de políticas deve orientar-se por uma visão moral responsável e inclusiva, que leve a sério tanto as oportunidades como os riscos, que respeite a autonomia dos interesses e a dignidade dos povos do mundo. Devemos também considerar nossas responsabilidades com as gerações futuras.

7. Defendemos o bem-estar de todos os seres sencientes, incluindo seres humanos, animais não humanos e qualquer futuro intelecto artificial, modo de vida modificada ou qualquer outro intelecto que possa surgir por meio de avanços tecnológicos e científicos.

8. Defendemos que os indivíduos tenham uma ampla escolha pessoal sobre como conduzir suas vidas. Isso inclui o uso de técnicas que podem ser desenvolvidas para ajudar a memória, concentração e energia mental; terapias para prolongamento da vida; tecnologias para escolha reprodutiva; procedimentos criogênicos e muitas outras tecnologias possíveis para a modificação e melhoria (aprimoramento) do ser humano.[43]

Prevendo que o conhecimento científico, impulsionado pelo uso das tecnologias da informação, levaria a uma nova revolução do conhecimento, o *Manifesto Transumano* chama a atenção para as novas possibilidades abertas pela aplicação de recursos tecnocientíficos de última geração à ampliação do potencial humano. Considerando os riscos imprevistos, elege como parâmetro necessário o bem-estar de todos os seres sencientes — sejam eles seres humanos, outros

---

43. VITA-MORE *apud* DIÉGUEZ. — Cf. DIÉGUEZ, Antonio. *Transhumanismo: la búesqueda tecnológica del mejoramiento humano*. Barcelona: Herder, 2017, p. 37-38.

animais, ou novas formas de vida que as tecnociências façam surgir
—, bem como garantias de inclusão social, respeito à diversidade
cultural, autonomia dos povos e liberdade de escolhas individuais,
vida digna e com livre acesso aos meio que garantam a preservação
da saúde física e mental, e mesmo o prolongamento da vida.

Assim, a filosofia se torna a instância em que questões
relativas ao aperfeiçoamento humanos, seus instrumentos e seus
riscos são estudados em profundidade; a Educação é o campo de
disseminação do conhecimento e debate de ideias; o Direito, o
Estado e suas instituições constituem o âmbito de formulação,
regulamentação e execução de políticas públicas que privilegiem a
dignidade plena e a inclusão.

Em 1992, Max More fundou o *Extropy Institute*[44], a primeira
instituição oficialmente dedicada a promover os objetivos do
transumanismo de orientação tecnocientífica. Ativo ainda hoje, em
seus primeiros anos o instituto serviu como catalisador, reunindo
pessoas com diferentes ideias futuristas que se mantiveram em
contato por meio de um fórum de discussões on-line, do qual
participaram estudiosos como o neurocientista Anders Sandberg (1972
–), o matemático russo Alexander Chislenko (1959 –), o cientista da
computação Hal Finney (1956 –), o economista Robin Hanson (1959
–), os filósofos David Pearce e Nick Bostrom, entre outros.

Bostrom e Diéguez contam que durante os anos 90, o
Extropy Institute e as pessoas ligadas a ele levaram a cabo boa
parte das discussões que promoveram a difusão do movimento,
especialmente na revista *Extropy* Magazine (fundada em 1988 por

---

44. Conforme explicações de Bostrom (2007), *extropy* é um termo inventado com
vistas a expressar o sentido oposto à entropia, referindo-se, metaforicamente, ao
inverso da desordem presente em um dado sistema termodinâmico e ao grau de
irreversibilidade da energia térmica "perdida", que não mais pode ser convertida em
trabalho.

Max More), dando ênfase a tópicos como autotransformação, otimismo dinâmico, suspensão criônica (congelamento de corpos humanos em nitrogênio líquido para futura reanimação), extensão da vida e imortalidade, tecnologia inteligente, ordem espontânea e sociedade aberta, entre outros.[45]

Em 1998, Nick Bostrom e David Pearce fundaram a Associação Transumanista Mundial (*World Transhumanist Association*, WTA), que em 2008 passou a usar a marca Humanity+, ou abreviadamente H+. Bostrom e Pearce tinham como objetivo inicial estabelecer uma base organizacional para todos os grupos e interesses transumanistas; desenvolver uma forma de transumanismo mais madura e academicamente respeitável, liberada de "cultismos".[46]

A WTA publicou dois documentos fundamentais: a *Declaração Transumanista* e as *Perguntas Transumaninstas* (*FAQ*). A *Declaração* foi concebida como um texto de consenso dos princípios básicos do transumanismo. O texto *FAQ*[47] foi produzido por Nick Bostrom a partir de contribuições de mais de 50 pessoas, entre elas David Pearce, Max More e Anders Sandberg.[48]

Em artigo publicado em 2005, *Valores Transumanistas*, Nick Bostrom (2018), destaca o que considera ser o núcleo dos valores do movimento: "ter a oportunidade de explorar os reinos transumanos e pós-humanos". Para tanto, percebe como condições básicas a "segurança global", o "progresso tecnológico" e o "amplo

---

45. Cf. BOSTROM, Nick. *A History of Transhumanist Throught*. Op. cit. / DIÉGUEZ, Antonio. *Tranhsumanismo: la búesqueda tecnológica del mejoramiento humano*. Op. cit.
46. Cf. BOSTROM, Nick. *Ibidem*.
47. HUMANITY+. *Transhumanist FAQ*. Disponível na Internet em: https://humani typlus.org/ philosophy/transhumanist-faq/. Acesso em: 24 abr. 2018.
48. Cf. BOSTROM, Nick. *A History of Transhumanist Throught*. Op. cit.

acesso" ao conhecimento e à tecnologia. Bostrom resume, por fim, os valores fundamentais do transumanismo tecnocientífico:[49]

> Nada de errado sobre "modificar a natureza", a ideia de *hýbris*[50] rejeitada;
> A escolha individual na utilização de tecnologias de aprmoramento, liberdade morfológica;
> Paz, cooperação internacional, anti-proliferação de WMDs (Armas de Destruição em Massa);
> Melhorar o entendimento (fomento da investigação e do debate público, pensamento crítico, abertura de espírito, investigação científica, discussão aberta do futuro);
> Ficar mais inteligente (individualmente, coletivamente, e desenvolver a inteligência de máquina);
> Falibilismo Filosófico, disposição de reexaminar os pressupostos à medida que avançamos;
> Pragmatismo, espírito engenheiro e empreendedor, ciência;
> Diversidade (espécies, raças, credos religiosos, orientações sexuais, estilos de vida, etc.);
> Preocupação com o bem-estar de toda a senciência;
> Salvando vidas (prolongamento da vida, anti-envelhecimento, pesquisa e preservação criogênica).[51]

Desta maneira, o transumanismo tecnocientífico valoriza a manutenção da existência das vidas humanas e não humanas, a realização plena e mesmo a ampliação das capacidades, de maneira a evitar doenças, morte e sofrimento. A plena liberdade de escolha, de acesso e de uso dos dispositivos tecnocientíficos devem ser garantidos a todos, independentemente de crenças religiosas, raça, opção sexual, cultura, estilo de vida, ou mesmo de espécie. A garantia de respeito e bem-estar a toda vida senciente deve ser o princípio ético

---

49. BOSTROM, Nick. *Transhumanist Values*. Disponível na Internet em: https://eclass.uoa.gr/modules/document/file.php/PPP566/Bostrom%20%20trans humanis t%20Values. pdf. Acesso em: 24 abr. 2018.

50 *Hybris* (do grego ὕβρις, *hýbris*), na mitologia grega refere-se à insolência, orgulho imprudente, presunção, confiança excessiva, arrogância e qualquer comportamento ultrajante. Neste trabalho entendemos que a ideia nuclear é a desmedida, a falta de moderação, conforme Aristóteles.

51. Cf. BOSTROM, Nick. *Transhumanist Values*. Op. cit.

fundamental e casos específicos devem ser pensados filosoficamente casos específicos devam ser pensados filosoficamente.

Assim, a filosofia transumanista tecnocientífica é de cunho prático e utilitário. Envolve pesquisa, reflexão e aplicação de teorias de acordo com uma agenda política que visa transformar a humanidade e a sociedade.

Sob direção do sociólogo James Hughes (1961 –), entre os anos de 2004 e 2006, o Humanity+ experimentou uma rápida expansão. Surgiram grupos de trabalho em diversos países que tiveram e têm forte presença nas redes sociais e na mídia de massa, algo que se ampliou ainda mais com a posterior direção de Natasha Vita-More. Em 2004, Hughes e Bostrom tornaram-se membros fundadores do Instituto de Ética e Tecnologias Emergente (*Institute of Emerging Ethics and Technologies*, IEET), um grupo de pesquisa sem fins lucrativos, criado para promover o uso ético da tecnologia e expandir as capacidades humanas, e que hoje reúne pesquisadores transumanistas de todo o mundo.

1.4 A Atualidade Tecnocientífica
das Discussões Transumanistas

Nas primeiras décadas do século XXI, o pensamento transumanistas reflete sobre às possibilidades, os benefícios e prejuízos que podem ser proporcionados pela robótica, pela superinteligência artificial e consequente singularidade, pela suspensão criônica, pela nanotecnologia molecular, pela transferência do conteúdo cerebral para computadores (*uploading*).

As relações entre humanos e máquinas estão impactando os modos de vida, provocando profundas transformações nos hábitos, nas percepções e na formação das subjetividades. Marco inicial importante da mais recente revolução tecnológica aconteceu em 1921, quando o escritor tcheco Karel Tchapek cunhou a palavra *robot,* ou robô (a partir de *robota* que, em certas línguas eslavas pode significar "trabalho exercido de forma compulsória ou escravo"), que apareceu pela primeira vez em sua peça de teatro R.U.R. (*Rossumovi Univerzální Roboti*, ou Robôs Universais do Rossum). A peça conta a história de um cientista brilhante, chama-do Rossum, que desenvolve uma substância química, similar ao protoplasma, e a utiliza na construção de humanóides (robôs), com o intuito de que estes sejam obedientes e realizem todo o trabalho físico.[52]

Após a Segunda Guerra Mundial, com a invenção dos computadores eletrônicos, a ideia de autômatos semelhantes a humanos passou da mitologia para a ficção científica e, eventualmente para o mundo objetivo. Em *Computing Machinery and Intelligence* (1950), Alan Turing[53] (responsável pela quebra de códigos durante a Segunda Guerra Mundial) previu que os computadores acabariam por passar no que ficou conhecido como o "teste de Turing", ou seja, no teste em que um entrevistador não pode diferenciar uma máquina de um humano.[54]

Em 1958, o matemático polonês Stanislaw Ulam chamou a atenção para o progresso sempre acelerado do desenvolvimento da tecnologia e consequentes mudanças nos modos de vida humana, que levariam a uma singularidade essencial na história, para além

---

52. TCHAPEK, Karel. *A Fábrica de Robôs*. São Paulo: Hedra, 2013. p. 142.
53. Cf. TURING, Alan. *Computing Machinery and Intelligence. In: The Essential Turing: Seminal Writings in Computing, Logic, Philosophy, Artificial Intelligence, and Artificial Life: Plus The Secrets of Enigma* .New York: Oxford University Press, 2004, pp. 433-464.
54. Idem. Idem.

da qual os assuntos humanos, como hoje os conhecemos, não poderiam continuar. Prorrogando esta ideia, mais tarde, Gordon E. Moore (1929 –) notou que o número de transistores em *chips* apresentou crescimento exponencial. Isto levou à formulação da Lei de Moore, que afirma que o poder da computação duplica a cada 18 meses e 2 anos, aproximadamente.[55]

A hipótese da singularidade sustenta que essas mudanças levarão a algum tipo de descontinuidade, que a criação da inteligência artificial autoaprimorável, em algum momento, resultará em mudanças radicais dentro de um período de tempo curto. Tal hipótese foi reforçada em 1965 pelo matemático I. J. Good (1916 – 2009), que foi chefe da equipe de estatística de Alan Turing:

> Defina-se uma máquina ultrainteligente como uma máquina capaz de superar todas as atividades intelectuais de qualquer homem, independentemente de quão genial ele seja. Já que o projeto de máquinas é uma dessas atividades intelectuais, uma máquina ultrainteligente poderia projetar máquinas ainda melhores; haveria então certamente uma "explosão de inteligência", e a inteligência humana se tornaria desnecessária. Desse modo, a primeira máquina ultrainteligente é a última invenção que o homem precisará fazer, contanto que a máquina seja dócil o suficiente para nos dizer como mantê-la sob controle.[56]

Mais do que um agente externo de mudanças, as máquinas podem, também, vir a adentrar a intimidade dos órgãos humanos, com consequências difíceis de prever. As possibilidades da nanotecnologia[57] foram antecipadas pelo físico Richard Feynman (1918

---

55. Cf. BOSTROM, *Nick. Superinteligência:* caminhos, perigos e estratégias para um novo mundo. Rio de Janeiro: Darkside, 2018.
56. Good *apud* Bostrom. BOSTROM, Nick. Superinteligência: caminhos, perigos e estratégias para um novo mundo. Rio de Janeiro: Darkside, 2018. p. 26-27.
57. Nanotecnologia é a ciência que tem como princípio básico a construção de

– 1988), em 1959, no seu texto *Há Muito Espaço lá Embaixo: um convite para entrar em um novo campo da física*[58]. Já em *Máquinas da Criação* (1986)[59], Eric Drexler (1955 –) apresenta a primeira exposição sobre a fabricação molecular. O autor defende a viabilidade da nanotecnologia baseada em montadores, explora suas consequências e traça os desafios estratégicos colocados ao seu desenvolvimento. Em 1986, Drexler fundou o *Foresight Institute* com o objetivo de trabalhar para a implementação segura da nanotecnologia. Em 1992, *Nanosistemas: maquinaria molecular, fabricação e computação*[60], também de Drexler, forneceu uma análise mais técnica que parecia confirmar suas conclusões iniciais.[61]

Os transumanistas consideram que a nanotecnologia molecular, na sua forma madura, poderá ajudar a abolir a maioria das doenças e o envelhecimento, possibilitando a recuperação de pacientes crônicos, tornando a colonização espacial acessível, assim como levando à rápida criação de vastos arsenais de armas letais e não letais.

Considerando o constante e acelerado progresso da ciência, em 1962, Robert Ettinger (1918 – 2011) publicou o livro *O Prospecto da Imortalidade*[62], que lançou a ideia da "suspensão criônica".

---

estruturas estáveis e novos materiais a partir da manipulação da matéria em escala atômica e molecular. Pode ser aplicada à produção de semicondutores, chips, biomateriais e outros itens de interesse da física, da engenharia de materiais, da eletrônica, da computação, da química, da biologia e da medicina. De modo geral, seu desenvolvimento envolve questões relativas à toxidade, impactos ambientas, efeitos econômicos potenciais e cenários apocalípticos.

58. Cf. FEYMAN, Richard. *There's Plenty of Room at the Bottom: an invitation to enter a new field of physics*. Disponível na Internet em: http://www.phy.pku.edu. cn/~qhcao/resources/class/QM/ Feynman's-Talk.pdf. Acesso em: em 02 jul. 2019.

59. Cf. DREXLER, Eric. *Engines of Creation*. Illinois: Anchor Books, 1987.

60. Cf. DREXLER, Eric. *Nanosystems: molecular machinery, manufacturing, and computation*. New Jersey: John Wiley & Sons, 1992.

61. Cf. BOSTROM, Nick. *A History of Transhumanist Throught*. Disponível em: http://www.nickbostrom. com/papers/history.pdf . Acesso em: 24 abr. 2018.

62. Cf. ETTINGER, Robert. *The Prospect of Immortality*. Providence: Ria University Press, 2005.

Ettinger argumenta que considerando que a atividade química fica completamente parada em temperaturas suficientemente baixas, é possível congelar uma pessoa em nitrogênio líquido e, assim, preservar seu corpo até uma época em que a ciência seja capaz de reverter os danos do congelamento e a causa original da desanimação (morte). Mais tarde, procurando solucionar o problema do dano celular maciço que ocorre quando cristais de gelo se formam no corpo, protocolos de suspensão foram aperfeiçoados e passou-se a adotar a infusão de crioprotetores[63] antes do congelamento para suprimir a formação de cristais de gelo.[64]

O número de organizações que oferecem suspensão criônica e serviços relacionados tornou-se crescente. Dentre elas, destacam-se as norte-americanas *American Cryonics Society* (desde 1969), a *Alcor Life Extension Foundation* (desde 1972), a *Trans Time* (1972) e a *Cryonics Institute* (desde 1976); a russa Kriorus (desde 2003). A Alcor é presidida pelo filósofo Max More, desde 2011.

Outra nova tecnologia possível[65], que teria impacto revolucionário, é o *uploading* (também conhecido como Carregamento ou Emulação Completa do Cérebro). Trata-se da produção de um *software* inteligente a partir do mapeamento e modelagem precisa da estrutura computacional de um cérebro biológico. Nick Bostrom descreve o processo em três fases, sendo: 1) mapeamento suficientemente detalhado de um cérebro humano específico; 2) os dados brutos obtidos são inseridos em um computador para construção de um modelo tridimensional da rede neural, que

---

63. Crioprotetores são substâncias (à base de glicerol e sulfóxido de dimetilo) usadas para proteger tecidos biológicos de danos causados pelo congelamento (em hidrogênio líquido, no caso da criogenia de seres humanos).
64. Cf. BOSTROM, Nick. *A History of Transhumanist Throught*. Op. Cit
65. Atualmente, Uploading é uma hipótese. Diversos estudos então em andamento, porém sem resultados conclusivos.

implementaria os padrões de cognição do cérebro original; 3) a estrutura neurocomputacional obtida é implementada em um computador suficientemente potente.[66]

Conforme Bostrom, no caso da emulação ser bem-sucedida, "o resultado seria uma reprodução digital do intelecto original com memória e personalidade intactas". Filósofos transumanistas discutem se, em circunstâncias adequadas, o *Uploading* seria consciente e se o indivíduo original sobreviveria à transferência para o novo meio. Eles chegam a diferentes conclusões sobre essa questão.[67]

O âmbito das discussões transumanistas é ainda mais extenso. Realidade virtual, diagnóstico genético, produtos farmacêuticos que melhoram memória, concentração, vigília e humor; drogas para melhorar o desempenho; cirurgias estéticas, operações de mudança de sexo, próteses, medicamentos contra o envelhecimento são tecnologias que já estão em uso. A combinação dessas capacidades tecnológicas, à medida que amadurecem, pode transformar profundamente a condição humana e é alvo de críticas.[68]

1.5 A Crítica ao Transumanismo

Em seus estudos sobre as tendências do pensamento transumanista, Dieguez[69] chama a atenção para as críticas dirigidas ao transumanismo tecnocientificista. Segundo o autor, elas têm como inspiração estudos realizados por filósofos como Michel

---

66. Cf. BOSTROM, Nick. *Superinteligência: caminhos, perigos e estratégias para um novo mundo*. Rio de Janeiro: Darkside, 2018.
67 Para maiores detalhes, consultar também: KURZWEIL, Ray. *Como Criar uma Mente: os segredos do pensamento humano*. São Paulo: Aleph, 2014, pp. 153-241.
68. Cf. DIÉGUEZ, Antonio. *Tranhsumanismo: la búesqueda tecnológica del mejoramiento humano*. Op. Cit.
69. Idem. Idem.

Foucault (1926–1984) e suas investigações genealógicas[70], Jacques Derrida (1930–2004) e sua crítica da tradição logocêntrica[71], assim como por correntes de pensamento como o feminismo, os estudos pós-coloniais, culturais e ecológicos.

> O argumento mais frequente diz respeito à propensão transumanista por promover a continuidade de um tipo de raciocínio binário e dualista que tem suas origens na Grécia clássica e que, na contemporaneidade, se manifesta na forma de ideologias garantidoras de controle e de dominação a partir da disseminação de preconceitos "eurocêntricos, racistas, sexistas e especistas".[72]

Assim, os críticos refutam o transumanismo tecnocientificista, considerando ingênua sua visão e alertando para a necessidade de mostrar "as debilidades conceituais e os pressupostos acríticos que estão por trás dessa concepção"[73]. Não propõem a negação da aplicação da ciência e das técnicas à alteração do ser humano, porém defendem o esclarecimento do conceito de "humano" que, construído a partir de preconceitos, teria sido transmitido de geração a geração e estaria na base de biopolíticas voltadas para o controle e a dominação.

Segundo Diéguez[74], o texto crítico ao transumanismo mais representativo e influente é o *Manifesto Ciborgue*, da bióloga e filósofa

---

70. Investigações genealógicas: tipo de investigação histórica que busca a origem dos conceitos e dos códigos de comunicação; método de pesquisa que coloca em evidência as lacunas históricas, o que não foi explicado ou foi ocultado, levando a elevar determinadas interpretações à condição de verdade absoluta.
71. Tradição logocêntrica: aquela que promove discursos que sustentam um modo binário de pensamento, ocultando preconceitos e favorecendo práticas de opressão como, por exemplo, as oposições bom/mau, feminino/masculino, certo/errado, falso/verdadeiro, verdade/mentira.
72. Cf. DIÉGUEZ, Antonio. *Tranhsumanismo: la búesqueda tecnológica del mejoramiento humano*. Op. Cit. p. 43.
73. Idem. Idem.
74. Idem. Idem.

norte-americana Donna Haraway (1944 –), publicado originalmente em 1985. A autora defende que o homem atual já é um pós-humano, uma vez que sua natureza já teria sido alterada no momento em que passou a utilizar objetos e substâncias que modificaram a sua própria condição física e mental[75]. O pós-humano de Esfandiary, de acordo com o ponto de vista de Haraway, não seria um ser que surgiria no futuro, e sim aquele que passou a existir no momento em que acoplou ao seu corpo substâncias que não lhe eram própria e ou entrou em contato com experiências transformadoras, proporcionadas pela existência no mundo. Assim, todo homem que se adapta ao mundo é um pós-humano em processo.

"O pós-humano é um ciborgue", afirma Haraway[76], ou seja, "um híbrido de máquina e organismo, uma criatura da realidade social e também uma criatura de ficção". Pós-humanos/ciborgues são "simultaneamente animal e máquina, que habitam mundos que são, de forma ambígua, tanto naturais quanto fabricados". A ficção científica está cheia de pós-humanos/ciborgues, assim como a medicina moderna está cheia de "junções entre organismo e máquina" e a indústria farmacêutica é o próprio âmbito de transformação bioquímica dos seres humanos.

Curiosamente, em Haraway, humanidade, ciência e tecnologia são fatores tão próximos que chegam a ser indissociáveis, participando da evolução como um único elemento composto por partes distintas, mas em íntima associação. O pós-humano não é uma entidade que há de se esperar no futuro, como dizem alguns transumanistas, Esfandiary entre eles, pois já somos pós-humanos.

---

75. Cf. HARAWAY, Donna. *Manifesto Ciborgue*. In: Antropologia do ciborgue: as vertigens do pós-humano. Belo Horizonte: Autêntica Editora, 2009.

76. Idem. Idem. p. 35-36.

> [...] não é um mito da ficção científica, e sim uma realidade
> que já somos, e que expressa a vontade de levar à prática
> um projeto social de autotransformação profunda e de
> diversificação pessoal. [...] ainda não assumimos todas as
> consequências de sua existência, em particular, não temos
> aceitado a necessidade de questionar os padrões normativos
> que vêm marcando as relações sociais até o momento
> presentes. Não temos reconhecido que têm caído obsoletas
> as dicotomias que têm fundamentado nossa concepção do
> mundo ao longo dos últimos séculos; dicotomias como
> organismo/ máquina, natural/artificial, animal/humano,
> mente/ corpo, masculino/feminino, realidade/ficção ou
> natureza/ cultura. Estas dicotomias sustentaram a visão
> humanista do ser humano que tem colapsado na atualidade,
> entre outras razões pelas injustiças que têm servido para
> justificar e pelos danos que têm causado a outros seres
> vivos.[77]

O pós-humano em processo é um transumano em potencial. Se entendemos a transumanidade como processo filosófico — em que a consciência e a crítica são fatores indispensáveis e se desenvolvem por livre escolha, por esforço aplicado à busca pelo conhecimento, no contato com os membros de um movimento cultural organizado que estudam e discutem sobre quais os melhores usos que se pode fazer dos recursos tecnológicos e como colocá-los ao alcance de todos os interessados, que deles farão uso com liberdade responsável —, o transumano, em plena sintonia com o *Manifesto Transumano* e a *Declaração Transumanista*, não pode ser alguém entregue a um novo sono dogmático. Necessariamente o transumano deve ser um criador de si e do mundo, e um filósofo.

Um transumanismo tecnocientificista[78], ou seja preso a

---

77. Cf. DIÉGUEZ, Antonio. *Tranhsumanismo: la búesqueda tecnológica del mejoramiento humano*. Op. Cit. p. 43-44.

78. Para efeito de classificação, visando uma melhor compreensão, podemos dividir as críticas em dois seguimentos: 1) aquelas que, a exemplo de Haraway, não negam a alteração do humano pelas ciências e pelas técnicas, mas defendem que o transumanismo ingenuamente cientificista deve ser esclarecido; 2), os opositores de

ideologias e dogmas, não constitui uma abordagem filosófica madura e é alvo de justas críticas que denunciam a necessidade de discutir, para além de preconceitos vigentes, o que é um transumanismo que parte de uma percepção ingênua do que é o ser humano. Diante deste problema, vamos analisar duas de suas características mais intrínsecas: 1) o cientificismo, que corresponde à ideia de que a ciência é a única solução possível para todos os problemas, de que ela tem (ou que por meio dela é possível alcançar) todas as respostas; 2) a ideia de melhoramento humano, ou a concepção de que o ser humano, necessariamente, deve ser melhorado para que consiga viver plenamente.

Primeiramente, vamos analisar uma proposta filosófica que também está na base do desenvolvimento da industrialização, da economia capitalista, do avanço científico e tecnológico – tal como eles chegaram ao século XX e contribuíram para configurar o contexto em que surgiu o transumanismo: a filosofia positiva de Auguste Comte, fundamento do cientificismo contemporâneo.

1.6 Bases Valorativas do Pensamento Transumanista

1.6.1 Positivismo: a ciência como valor

Em fins do século XVI, estava em elaboração uma concepção de conhecimento científico nova e radicalmente distinta daquela que predominou na Antiguidade e em grande parte da Idade Média,

---

qualquer transumanismo, a exemplo de Habermas, que vê no ideal de aperfeiçoamento humano, a manifestação de tendências consumistas, típicas da sociedade industrial. O primeiro segmento tem como referência frequente, além de Haraway, a crítica de Martin Heidegger ao Humanismo, feita em *Carta Sobre o Humanismo* (1947) e o conceito de antropotécnica de Peter Sloterdjick, discutido em *Regras para o Parque Humano: uma resposta à carta de Heidegger sobre o humanismo* (1999). Esses estudos, direta ou indiretamente, convergem com os pontos de vista de Foucault e Derrida, pautados pela necessidade de investigações de caráter genealógico e considerações críticas à tradição logocêntrica, respectivamente.

época em que a cosmologia e a física aristotélica constituíam o padrão dominante. Tendo-se como princípio a observação e a descrição dos fenômenos naturais e, como fim a manipulação e transformação da natureza por meio da técnica, no século XVII operava-se uma verdadeira revolução dos modos de pensar que se estendeu pelos séculos XVIII e XIX.

A partir da Revolução Científica moderna, ocorrida entre os séculos XVI e XVIII, um novo paradigma se impôs como fio condutor da Modernidade. Ele, diferentemente do que observamos na Antiguidade, leva em consideração a matematização, a mensuração, o âmbito experimental calculável e manipulável dos fenômenos da natureza. Não à toa, ganharam destaque os nomes de Galileu, Descartes, Bacon, Pascal, Leibniz, Newton, dentre tantos outros.

Nesta época, o desenvolvimento de instrumentos técnicos, que servem de suporte à ampliação dos sentidos humanos, tornou possível a observação, a descrição e a experimentação científica. Um exemplo desses instrumentos é a luneta astronômica desenvolvida por Galileu Galilei (1609), ancestral dos modernos telescópicos e microscópios digitais, hoje utilizados em observações do cosmos ou de estruturas atômicas. Com o suporte que os instrumentos téc-nicos deram ao desenvolvimento científico, a tecnologia passou a ser aplicada à investigação das estruturas da matéria.

O século XVIII radicaliza esse novo paradigma ao enfatizar o *locus* da razão como aquele privilegiado e único capaz de conhecer verdadeiramente a natureza. O Iluminismo manifesta, exemplarmente, a crença nesse novo lugar do sujeito humano. Enquanto a religião perdia terreno como modo de explicar a realidade, a ciência associava-se à industrialização e se estabelecia como modo de conhecimento que desvenda os segredos da natureza, apresentando soluções para controlá-la e possibilitando a superação dos obstáculos que se colocavam ao progresso humano e social. Em meio à revolução industrial, a ciência moderna fazia consideráveis avanços quanto ao desenvolvimento e aplicação da matemática e da geometria, da física e da química, da fisiologia e da medicina, transformando, assim, os modos de produzir, de comercializar e de viver.[79]

A aplicação prática das descobertas científicas promovia a mecanização da indústria e transformava os modos de produção. Crescia o volume de riquezas, o comércio expandia-se, as grandes cidades multiplicavam-se, rompia-se o equilíbrio entre o rural e o urbano. A medicina passava a contar com melhores tratamentos no combate às doenças infecciosas.[80]

A transformação das condições de vida, pela bem-sucedida associação entre ciência, indústria e tecnologia, levou a um otimismo que o pensamento positivista[81], a partir da década de 1840, passou a interpretar, exaltar e promover. Entre os adeptos dessa nova Filosofia, destacou-se o francês Isidore Auguste Marie

---

79. Cf. RIBEIRO JÚNIOR, João. *Augusto Comte e o Positivismo*. Campinas: Edicamp, 2003.

80. Idem. Idem.

81. Positivismo é a tendência de pensamento que dominou parte da cultura europeia de 1840 até o início da Primeira Guerra Mundial. Embora se inserindo e se desenvolvendo junto a tradições culturais e filosóficas diferentes (racionalismo, cartesianismo e Iluminismo na França; tradição empirista, utilitarista e evolucionista na Inglaterra; naturalismo renascentista na Itália), o positivismo mostra, em suas manifestações, traços comuns que permitem fixar sua identidade como movimento cultural. Em qualquer variante o positivismo reivindica o primado das ciências como instrumento cognoscitivo, defende que o único conhecimento válido é o conhecimento científico, o único método para adquirir conhecimento é o das ciências da natureza. Temos a exaltação da ciência como único meio capaz de resolver, no curso do tempo, todos os problemas humanos e sociais sofridos pela humanidade. Entre os representantes mais influentes destacaram-se: John Stuart Mill (1806-1873) e Herbert Spencer (1820-1903) na Inglaterra; Jakob Moleschott (1822-1893) e Ernst Haeckel (1834-1919) na Alemanha; Roberto Ardigo (1828-1920) na Itália; Auguste Comte (1798-1857) na França.

François Xavier Comte (1798–1857), que ficou conhecido como Auguste Comte.

1.6.1.1 Positivismo comteano, o conceito

Auguste Comte elaborou sua filosofia como sistema geral do conhecimento, estruturado em quatro focos principais, sendo eles: 1) uma filosofia da história, que apresenta os motivos pelos quais o filósofo considera que seu sistema deve orientar os homens; 2) uma fundamentação e classificação das ciências; 3) uma sociologia, que determina a estrutura e os processos de transformação da sociedade e da reforma prática das instituições. 4) uma reforma religiosa, que apresenta o plano para criação da Igreja positiva[82]. Vamos nos deter nos três primeiros pontos partindo da compreensão do que Comte entende pelo termo "positivo".

Publicado como introdução ao *Tratado Filosófico de Astronomia Popular*, o preliminar *Discurso Sobre o Espírito Positivo* (1844) apresenta um estudo sobre as relações entre ciência, teologia e arte, partindo da explicitação detalhada do conceito de positivo, conforme concebido pelo próprio Comte.

Nas línguas ocidentais, o termo *positivo* possui vários significados. Para Comte, isto não é um problema, pelo contrário. Tal diversidade aponta alternativas que acabam por conferir uma maior exatidão à interpretação dos sentidos adotados em seu sistema filosófico. Seguindo a ordem das considerações feitas por Comte em sua análise conceitual, vale destacar, primeiramente, a compreensão de positivo enquanto derivado da oposição entre real e quimérico. Positivo é o real, entendido como aquilo que é acessível por meio de "constante

---

82. Cf. BENOIT, Lelita Oliveira de Rodriguez. *Comte: fundador da física social*. São Paulo: Moderna, 2002.

dedicação a pesquisas verdadeiramente acessíveis à nossa inteligência". Em outras palavras, no entendimento do filósofo, trata-se daquilo que pode ser identificado pelo pesquisador que experiencia um fenômeno e o analisa racionalmente, a partir de uma teoria.[83]

"Se de um lado toda teoria positiva deve necessariamente fundar-se sobre observações, é igualmente perceptível, de outro, que, para entregar-se à observação, nosso espírito precisa de uma teoria qualquer"[84]. Essa necessidade se explica pela insuficiência dos dados isolados. É preciso combiná-los a partir de princípios teóricos para que eles façam sentido e constituam explicações.

Um segundo significado para positivo emerge da oposição entre útil e ocioso. Positivo é aquilo que é útil, sendo utilidade a característica necessária de todas as "especulações sadias para o aperfeiçoamento contínuo" das condições de vida, seja individual ou coletiva. É inútil, portanto, qualquer reflexão que se preste à "vã satisfação de uma curiosidade estéril". A ciência é o conhecimento que disponibiliza instrumentos tecnológicos para a transformação das condições naturais.[85]

Positivo também é aquilo que exprime certeza, e não indecisão ou inexatidão. Tal certeza diz respeito à "harmonia lógica do indivíduo", que também é espontânea e, ao contrário de promover dúvidas e debates intermináveis, estabelece a "comunhão espiritual na espécie inteira"[86]. A precisão, e não a vagueza, é característica do positivo. Para Comte, a antiga maneira de filosofar, elaborada sob constante repressão e "autoridade sobrenatural", conduz,

---

83. Cf. COMTE, Augusto. *Curso de Filosofia Positiva*. Col. Os Pensadores. Trad. José Arthur Giannotti e Miguel Lemos. São Paulo: Abril Cultural, 1978, p. 62.
84. Ibidem, p. 5.
85. Ibidem, p. 62.
86. Idem. Idem.

necessariamente, a "opiniões vagas"[87]. O contexto do século XIX estava a exigir a precisão, como condição necessária de desenvolvimento social.

E, finalmente, positivo é o contrário de negativo quando considerado em conjunto com as necessidades. Nas palavras de Comte, é "em virtude de seu gênio relativo que a nova filosofia pode sempre apreciar o valor próprio das teorias que lhe são mais opostas, sem contudo chegar a uma vã concessão, suscetível e alterar a nitidez de suas vistas ou a firmeza de suas decisões." Ou seja, a associação entre o contrário de negativo com as necessidades fenomênicas (relativas) garante uma maior exatidão aos resultados das pesquisas.[88]

O entendimento de que as teorias científicas encontram-se atreladas às circunstâncias históricas de sua elaboração (fatos empíricos), é princípio da filosofia positiva comteana, e atesta sua filiação a uma tradição que tem a ciência como forma de conhecimento superior.

> Todos os bons espíritos repetem, desde Bacon, que somente são reais os conhecimentos que repousam sobre fatos observados. Essa máxima fundamental é evidentemente incontestável, se for aplicada, como convém, ao estado viril da nossa inteligência. Mas, reportando-se à formação de nossos conhecimentos, não é menos certo que o espírito humano, em seu estado primitivo, não podia nem devia pensar assim.[89]

Tendo se desenvolvido ao longo do tempo, a inteligência parte de sua primitividade e alcança estados mais elevados. Esse sentido histórico serve de base ao pensamento comteano.

---

87. Idem. Idem.
88. Idem. Idem.
89. Ibidem, p. 5.

1.6.1.2 A Lei dos Três Estados

Logo na abertura da primeira parte do *Curso de Filosofia Política* (1872), Comte trata do sentido histórico de sua filosofia. Em seu entender, o desenvolvimento intelectual da humanidade, tanto individual quanto coletivo, seguem os desígnios de uma "grande lei fundamental"[90], que passa por três estados sucessivos: 1) teológico ou fictício; 2) metafísico ou abstrato; 3) científico ou positivo.[91]

O estado teológico ou fictício é um "ponto de partida necessário da inteligência humana"[92]. Nele, os fenômenos são entendidos pelos homens como resultantes da vontade e ou ação de seres sobrenaturais. Ou, nas palavras do próprio Comte:

> [...] o espírito humano, dirigindo essencialmente suas investigações para a natureza íntima dos seres, as causas primeiras e finais de todos os efeitos que o tocam [...] apresenta os fenômenos como produzidos pela ação direta e contínua de agentes sobrenaturais [...] cuja intervenção arbitrária explica todas as anomalias aparentes do universo.[93]

Nesse primeiro estado, Comte reconhece três diferentes momentos, sendo: a) fetichismo, em que se atribui a coisas ou objetos forma de vida semelhante à vida humana (ex. teogonia grega, em que os deuses nascem e vivem de modo semelhante ao humano); b) politeísmo, em que se concebe a existência de vários

---

90. A Lei dos Três Estados foi anunciada por Comte, pela primeira vez em 1822, no seu texto o *Programa dos Trabalhos Científicos Necessários Para Reorganizar a Sociedade*. Foi explicada também no *Curso de Filosofia Política,* escrito e publicado entre os anos de 1830 e 1842. Mais tarde, Comte voltou a referir-se à Lei em apêndice do último volume de seu *Sistema de Política Positiva* (1851-1854).

91. Cf. COMTE, Auguste. *Curso de Filosofia Política.* Trad. José Arthur Gianotti. Col. Os Pensadores. São Paulo: Abril Cultura, 1988, p. 3-4.

92 Ibidem, p. 4.

93. Idem. Idem.

seres fictícios que são deuses; c) monoteísmo, em que se reconhece a existência de um único ser sobrenatural, que é Deus.

O segundo estado, metafísico ou abstrato, destina-se a ser, unicamente, uma "etapa de transição". Nele, ao procurar explicações para a natureza íntima dos seres, os homens abandonam os agentes sobrenaturais e passam a aceitar que forças abstratas seriam capazes de engendrar todos os fenômenos observados. A natureza é explicada por abstrações de significados discutíveis, sobre os quais não se chega a consensos. Por sua vez, o terceiro estado, científico ou positivo, é o "estado fixo e definitivo". Nele, a humanidade renuncia a conhecer as causas primeiras, a origem e o destino do universo, e passa a

> [...] descobrir, graças ao uso bem combinado do raciocínio e da observação, suas leis efetivas, a saber, sua relação invariável de sucessão e de finitude. A explicação dos fatos, reduzida então a seus termos reais, se resume de agora em diante na ligação estabelecida entre os diversos fenômenos particulares e alguns fatos gerais, cujo número o progresso da ciência tende cada vez mais a diminuir.[94]

Ao longo da história da humanidade são verificáveis, portanto, três tipos de filosofia, três conjuntos epistemológicos, três sistemas conceituais, que se excluem uns aos outros. O estado positivo, no entender de Comte, é o mais avançado, aquele que, no século XIX, a humanidade já estaria vivendo e no qual continuaria. Já se procurava, então pelas relações constantes que existiriam entre fenômenos observáveis e aceitava-se a multiplicidade de leis que tenderiam a unificar-se em uma teoria única.

No entanto, Comte ressalta que a Lei dos Três Estados não se aplica apenas ao desenvolvimento da humanidade enquanto

---

94. Idem. Idem.

espécie, mas também ao desenvolvimento dos indivíduos. Diz ele:

> Essa revolução geral do espírito humano pode ser facilmente constatada hoje, duma maneira sensível embora direta, considerando o desenvolvimento da inteligência individual. O ponto de partida sendo necessariamente o mesmo para a educação do indivíduo e para a da espécie, as diversas fases principais da primeira devem representar as épocas fundamentas da segunda. Ora, cada um de nós, contemplando sua própria história, não se lembra de que foi sucessivamente, no que concerne às noções mais importantes, teólogo em sua infância, metafísico em sua juventude e físico em sua virilidade? Hoje é fácil essa veri-ficação para todos os homens que estão ao nível de seu século.[95]

Em outras palavras, no entender de Comte, no século XIX os indivíduos desenvolvidos não pensavam mais no modo teológico ou metafísico, e sim de acordo com o modo científico. Portanto, se fazia necessária uma nova filosofia que daria sentido aos fatos, interligando-os, e, assim, orientando os homens em seu desenvolvimento e a humanidade em sua reorganização social. Comte, então propõe sua filosofia positiva, em que também as ciência, com seus diferentes campos de estudo, ficam sujeitas ao desenvolvimento por estados.

A filosofia comteana renega explicações sobrenaturais e metafísicas[96] ao mesmo tempo em que afirma ser a ciência uma forma de conhecimento superior e irrefutável. O espírito científico não deve alimentar pretensões de identificar as causas geradoras dos fenômenos e sim, apenas, analisar as circunstâncias de sua ocorrência. Embora defenda que o estado positivo é definitivo, Comte prevê que nele haverá um progresso contínuo das ciências.[97]

---

95. Idem. Idem. p. 5.

96. Metafísica. Aqui entendida como investigação das realidades que transcendem a experiência sensível.

97. Cf. COMTE, Auguste. *Curso de Filosofia Política*. Op. Cit., p. 5.

Vamos, então esclarecer o papel que cabe a cada área de pesquisa científica e à reflexão filosófica no estado positivo comteano.

1.6.1.3 A Classificação das Ciências
e o Lugar da Filosofia

Para Comte, no estado positivo os modos de pensar teológico e metafísico não servem mais de fundamento para os homens que buscam explicações para os fenômenos. Assim, para passar de uma sociedade em crise para uma sociedade plenamente evoluída, que seja resposta para os problemas da humanidade, é preciso encontrar as leis que regem a natureza por meio de pes-quisas científicas.

Comte entende que no estado positivo o estudo dos fenômenos naturais ocorre em diferentes áreas de conhecimento. Essas áreas não se tornaram positivas ao mesmo tempo, pelo contrário, percorreram as fases históricas de desenvolvimento intelectual em velocidades diferentes, observando a ordem definida pela Lei dos Três Estados[98]. Ao classificar hierarquicamente as áreas de conhecimento positivo, Comte tomou como critério a simplicidade. As ciências mais simples — entendidas como aquelas que primeiro deixaram o estado metafísico e atingiram o estado positivo — dão origem às mais complexas.

Na classificação geral, ocupam o primeiro lugar as ciências que, no entender de Comte, tratam os objetos mais simples. Em seguida, são classificadas as ciências que têm objetos mais complexos. Tem-se, então, das mais simples para as mais complexas: 1) os fenômenos astronômicos; 2) os fenômenos físicos, mais especificamente os

---

98. Idem. Idem.

mecânicos e químicos; 3) os fenômenos biológicos, incluindo os fisiológicos e médicos. Ficam fora da classificação comteana a metafísica, a teologia, a matemática e a filosofia.

A exclusão da metafísica e da teologia se explica pela Lei dos Três Estados, ou seja, ambas são formas de conhecimento superadas no estado positivo. Embora fora da classificação, a matemática está na base das ciências consideradas por Comte. Quanto à filosofia, em *Curso de Filosofia Política*, Comte afirma:

> Homogeneizando-se todas as nossas concepções funda-mentais, *a* filosofia constituir-se-á definitivamente no estado positivo. Sem nunca mais poder mudar de caráter, só lhe resta desenvolver-se indefinidamente, graças a aquisi-ções sempre crescentes, resultantes inevitáveis de novas observações ou de meditações mais profundas. Tendo ad-quirido com isto o caráter de universalidade[99] que lhe falta ainda, **a** filosofia positiva se tornará capaz de substituir intei-ramente, com toda a superioridade natural, *a filosofia teoló-gica e filosofia metafísica*, as únicas a possuir realmente hoje essa universalidade. Estas, privadas do motivo de sua preferência, não terão para os nossos sucessores além de uma existência histórica.[100]

Ou seja, para Comte, toda a filosofia, criada dali em diante, deveria se submeter à filosofia positiva, criada por ele mesmo. A filosofia anteriormente formulada deveria ser relegada à história da cultura, não tendo nenhum outro valor. Explica-se: para Comte, também a filosofia está sujeita à Lei dos Três Estados. Consi-derações abstratas, de ordem metafísica e ou teológica, pertencem aos dois primeiros estados de desenvolvimento intelectual. No estado positivo a filosofia também deve ser positiva, ou seja, deve

---

99. Universalidade. Refere-se a uma característica, norma ou padrão não variável, aplicável de modo geral, indistintamente.
100. Cf. COMTE, Auguste. *Curso de Filosofia Política*. Op. Cit., p. 10.

reconhecer a superioridade do conhecimento científico. Diante das ciências deve se pautar por: "determinar exatamente o espírito de cada uma delas, em descobrir suas relações e conexões e em resumir, se possível, todos os seus princípios próprios em número mínimo de princípios comuns, em conformidade com o método positivo"[101]

Ou seja, a filosofia tem seu campo de estudos — a totalidade do mundo, das concepções e das possibilidades —, reduzido ao campo dos procedimentos científicos e de seus métodos (observação, testagem, quantificação, modelagem, etc.). Isso significa descartar não apenas a metafísica, mas também os estudos relativos à política, à ética, às artes, à mente, ao próprio procedimento filosófico. E com esse reducionismo, que atinge não só a filosofia, mas também as ciências humanas em geral — cujos objetos de estudo não podem ser colocados em situação de experiência e submetidos aos métodos científicos —, Comte propõe a criação de uma "física social".

> Já agora que o espírito humano fundou a física celeste; a física terrestre, quer mecânica, quer química; a física orgânica, seja vegetal, seja animal, resta-lhe, para terminar o sistema das ciências de observação, fundar a *física social*. Tal é hoje, em várias direções capitais, a maior e mais urgente necessidade de nossa inteligência.[102]

Ao contrário dos filósofos contratualistas — para quem os homens teriam passado a viver em sociedade mediante acordos, ou "contratos" — Comte defendia que os seres humanos são naturalmente sociáveis. Para ele, a sociedade tem realidade natural, constituindo-se como fenômeno também tratável pelo método da

---

101. COMTE, Auguste. *Discurso Sobre o Espírito Positivo*. Trad. José Arthur Gianotti. Col. Os Pensadores. São Paulo: Abril Cultura, 1978, p. 11.
102. Ibidem, p. 9.

ciência natural.

A Sociologia (ou física social) surge como uma nova ciência, proposta pela filosofia positivista comteana, que tem como objetivo estudar os fenômenos sociais. A filosofia moral, antigo objeto de reflexão da filosofia, passa a ser objeto da Sociologia. E esta, ocupando o lugar mais destacado na classificação hierárquica das ciências, deve orientar a reorganização social.

Assim, a filosofia comteana está na base da ciência instrumental que chegou aos séculos XX e XXI, ou seja, de um tipo de ciência que é instrumento para que se atinja objetivos (muitas vezes de valor ético e ou político questionável) e que se desenvolve no cumprimento do objetivo de gerar produtos técnicos que atendam às demandas de uma concepção de mundo industrializado que, ao aplicar as novas tecnologias na organização para a produção, relega para segundo plano, ou mesmo para o esquecimento, os modos de pensar que não são considerados úteis ao sistema, enquanto sedimenta e estabelece preconceitos.

A análise do transumanismo à luz da filosofia comteana faz pensar no quanto esta última não contribuiu para moldar a primeira como um modo de pensamento instrumental, também útil ao sistema industrial e às suas práticas econômicas excludentes.

1.6.2 Evolução, Hereditariedade e Eugenia: o melhoramento humano como valor

Como verificamos, o anseio por superar os limites impostos ao homem por sua própria natureza é ancestral e se encontra registrada pela literatura. A filosofia e as ciências da natureza, desde seu surgimento, são modos de conhecimento que se constróem a partir do esforço humano por compreender-se, decifrar os segredos do universo, criar objetos e procedimentos técnicos que permitam viver plenamente, com a máxima satisfação e pelo maior tempo. Os estudos dos fenômenos biológicos e médicos, em especial, refletem essa ambição.

Vamos agora seguir a trilha dos biologistas que ocuparam-se com o estudo da adaptação das espécies ao ambiente e de suas transformações, incluindo a transmissão de características aos seus descendentes. Os estudos realizados por eles foram indispensáveis ao desenvolvimento da genética e de todas as possíbilidades que ela proporciona. Porém, como veremos, a "melhoria do humano" envolve um elenco de novos problemas que não podem ser ignorados.

Jean-Baptiste Lamarck (1744 – 1829), naturalista, anatomista e taxonomista francês, é apontado pela literatura especializada como o primeiro a tentar construir uma teoria explicativa dos mecanismos e dos processos envolvidos nas transformações dos seres vivos. Segundo sua Teoria da Progressão[103], as mudanças se explicam pelas aquisições de novos caracteres e pelas transmissões deles a seus descendentes. Entre os principais aspectos componentes da teoria lamarckista, destacam-se: 1) a origem dos seres vivos; 2) a diferenciação entre corpos inanimados e corpos vivos; 3) a progressão dos seres vivos; 4) as causas das progressões; 5) as leis gerais das progressões nos animais.[104]

Em sua obra *Philosophie Zoologique* (1809)[105], Lamarck

---

103. Frezzatti Júnior (2011, p. 792), explica que o próprio Lamarck se referia às conclusões de seus estudos como sendo "teorias", enquanto para designar as transformações e seus processos empregava os termos "aperfeiçoamento, progressão, desenvolvimento, progresso, mutação e mudança", associados à "organização" e "composição". Teoria da Progressão, portanto, é uma denominação adequada ao seu conjunto de ideias sobre as transformações de seres vivos.

104. Cf. LAMARCK, J. B. *Philosophie Zoologique*. Paris: Flammarion, 1994.

105. Idem. Idem.

defende que a vida surgiu naturalmente, como fenômeno físico espontâneo, sem qualquer intervenção divina. Movimento e mudança das características dos componentes inorgânicos, em resposta a causas ambientais excitantes, teriam causado um estado particular em corpos inanimados, fazendo surgir a vida. Aos primeiros seres vivos teriam se seguido outros mais complexos, em crescente grau de perfeição. O jogo entre a atração universal e a ação repulsiva atuaria sobre os constituintes materiais dos seres vivos, transformando-os, fazendo surgir neles as faculdades superiores próprias dos animais. Assim, a progressão se faz possível graças à capacidade vital de multiplicação, organização e aperfeiçoamento das faculdades orgânicas.

A progressão gradual das modificações das espécies, segundo Lamarck, pode ser resumida em quatro leis, sendo elas: 1) a vida tende a aumentar o volume do corpo vivo até seu limite; 2) uma nova necessidade surgida no corpo, devido a seu contato com o ambiente, provoca movimento nos fluídos corporais e o surgimento de novo(s) órgão(s); 3) o desenvolvimento orgânico, bem como sua força de ação, é proporcional ao seu uso (Lei do Uso e Desuso); 4) todas as características do indivíduo, inclusive as que foram adquiridas durante a vida, são conservadas por ele e transmitidas a seus descendentes (Lei da Transmissão dos Caracteres **A**dquiridos).[106]

Contudo, uma parte do corpo em uso constante tende a desenvolver-se, enquanto aquela que permanece sem uso tende a atrofiar-se, podendo desaparecer completamente. Essas transformações podem ser transmitidas hereditariamente, chegando ao ponto de dar

---

106. Cf. FREZZATTI JÚNIOR, Wilson Antonio. *A construção da oposição entre Lamarck e Darwin e a vinculação de Nietzsche ao eugenismo*. In: Scientiae Studia. São Paulo, 2011, v. 9, n. 4, pp. 791-820.

origem a uma nova espécie.[107]

Como exemplo, citam-se o caso das girafas de pescoço longo, das cobras com corpo alongado e dos peixes cegos. Seguindo as proposições de Lamarck, as primeiras girafas que surgiram na Terra tinham pescoço curto. Na época, a vegetação era rasteira. À medida que escasseava a vegetação baixa, havia necessidade de o animal esticar o pescoço para apanhar as folhas situadas em galhos que cresciam cada vez mais alto. Desta forma, o pescoço tornava-se mais comprido. Do cruzamento das girafas com pescoço esticado, nasciam descendentes com pescoço maior do que as girafas primitivas. Com o decorrer do tempo, foram surgindo girafas com o pescoço cada vez maior, até as girafas atuais.

O mesmo se pode dizer com relação às cobras primitivas, que deviam ter corpo curto e apresentar patas. Ao rastejarem pela grama, seu corpo foi-se esticando progressivamente e as patas tornaram-se desnecessárias, pois atrapalhavam o ato de rastejar. Desta forma, as cobras tornaram-se alongadas e desprovidas de patas e esses caracteres passaram a seus descendentes. Por sua vez, peixes que passaram a viver em águas de grutas escuras tornaram-se cegos, por não mais utilizarem a visão, e todos os seus descendentes herdaram essa característica.

A transmissão para a nova geração de tudo o que a natureza faz o indivíduo adquirir ou perder, por influência das condições exteriores, é explicado pela lei da transmissão dos caracteres adquiridos.

No ano de publicação de *Philosophie Zoologique*, 1809, nasceu o naturalista britânico Charles Darwin (1809 – 1882), o conhecido autor da Teoria da Seleção Natural. Entre 1831 e 1835, viajando a bordo do navio Beagle, do governo inglês, Darwin

---

107. Cf. LAMARCK, 1994. Op. Cit.

explorou a América do Sul, as Ilhas Galápagos e outras regiões, onde coletou numerosos organismos vivos e fósseis. Suas observações o levaram a acreditar que algo alterava as espécies continuamente. Notou que espécies diferentes de pássaros de ilhas próximas entre si apresentavam semelhanças e que os fósseis coletados eram parecidos com certas espécies atuais. Supôs, então que algumas espécies haviam derivado de outras em um longo processo evolutivo.[108]

Frezzatti nos conta que, após sua viagem, em 1838, lendo o *Ensaio Sobre o Princípio da População* (1798 e 1803), do economista britânico Thomas Robert Malthus (1766–1834) — no qual o autor afirma que as populações crescem em progressão geométrica até serem limitadas pelo suprimento de alimentos, que aumenta em progressão aritmética —, Darwin admitiu haver uma luta pela sobrevivência, em que aqueles que se adaptam se desenvolvem, reproduzindo-se e fazendo com que aumente uma parte da população, enquanto os menos aptos a enfrentar as condições colocadas pela natureza são eliminados[109]. Há, então, segundo Darwin, um processo de "seleção natural" imposto pela própria natureza. Tal conclusão foi publicada em 1859, em seu *A Origem das Espécies*[110].

Na concepção de Darwin, as transformações dos seres vivos têm como causa a seleção contingente de determinadas características, em processo de luta pela sobrevivência entre os indivíduos e ou entre eles e as condições presentes no local em que vivem. As características selecionadas não representam capacidades superiores e sim aquilo que garante a sobrevivência e a reprodução.

---

108. DARWIN, Charles. *A Origem das Espécies*. Belo Horizonte: Itatiaia, 2002.
109. Cf. FREZZATTI JÚNIOR, Wilson Antonio. *A construção da oposição entre Lamarck e Darwin e a vinculação de Nietzsche ao eugenismo*. Op. Cit.
110. Para maiores detalhes, consultar: DARWIN, Charles. *A Origem das Espécies*. Op. Cit.

Segundo Frezzatti, Darwin referia-se à sua teoria como "Teoria da Descendência Com Modificação Por Seleção Natural" e tinha como pressupostos que: 1) o mundo está em constante transformação, assim como os organismos; 2) todos os organismos, sejam eles microorganismos, vegetais ou animais, descendem de um ancestral comum; 3) a diversidade orgânica se explica pelo surgimento de novas espécies a partir de espécies que as originaram; 4) populações geograficamente isoladas evoluem para novas espécies; 5) a evolução dos organismos ocorre em processo gradual de mudanças de populações e não por transformações repentinas de indivíduos; 6) as transformações dos seres vivos se dá pela produção de variações genéticas por gerações; 7) aqueles que sobrevivem no processo de luta pela existência, devido a características herdadas e adquiridas, originam uma nova geração; 8) há um número maior de indivíduos do que suportam os meios de subsistência, conforme conclusões de Malthus; 9) a maior variabilidade, verificável nos seres vivos, aumenta a probabilidade de que certas características os favoreçam na luta pela sobrevivência; 10) a transmissão das características selecionadas na luta pela existência, ao longo do tempo, leva à formação de novas espécies.[111]

Considerando causas prováveis de transformação, Darwin conclui que o processo é extremamente complexo e envolve múltiplas causas. Chegando a admitir seu desconhecimento das leis naturais da variação, insistiu na "seleção natural" como "a principal e a mais predominante causa de novas espécies"[112]

Para o tamanho do pescoço da girafa, Darwin ofereceu uma explicação diversa de Lamarck. Para ele, sempre houve girafas de

---

111. FREZZATTI JÚNIOR, Wilson Antonio. *A construção da oposição entre Lamarck e Darwin e a vinculação de Nietzsche ao eugenismo.* Op. Cit. p. 797.
112. DARWIN, Charles. *A Origem das Espécies.* Op. Cit., p. 69.

pescoço curto e girafas de pescoço longo. À medida que a vegetação rasteira e a arbústica ia escasseando, as girafas de pescoço curto, que dela se alimentavam, tornavam-se cada vez mais prejudicadas, correndo risco de vida pela fome; as girafas de pescoço longo, ao contrário, tendo a capacidade de apanhar folhas das árvores mais altas, apresentavam maiores oportunidades de sobrevivência. Conclusivamente, a população de girafas de pescoço longo aumentou, enquanto a população de girafas de pescoço curto diminuiu.

A explicação de Darwin para a adaptação dos indivíduos às variações ambientais baseou-se no fato de não existirem animais de reprodução sexuada que sejam exatamente iguais, com exceção dos gêmeos univitelinos. Sempre há entre os membros de uma espécie pequenas variações, proporcionando a algumas delas maior capacidade de adaptação. Se essas diferenças, ao longo de muitas gerações, forem selecionadas para certos indivíduos, isso poderia torná-los diferentes da espécie inicial.

De qualquer forma, a concepção de transformação dos seres vivos, a partir da aquisição de novas características, mais adequadas à conservação da vida e da reprodução, transmitidas de pais para filhos, estava colocada. Então, se passava a aceitar que os indivíduos e as espécies não eram imutáveis, pelo contrário estavam em constante transformação, sendo mesmo desejável, para a conservação da existência, que novas características fossem adquiridas atendendo às exigências por adaptar-se ao ambiente.

Nos debates que se seguiram à publicação de *A Origem das Espécies*, um dos pontos mais importantes foi a preocupação com a natureza da transmissão das características que ofereceriam vantagem reprodutiva aos indivíduos, ou a elaboração de uma teoria da herança. Em *Variações de Animais e Plantas Sob Domes-*

ticação (1868), procurando explicar os fenômenos heredi-tários, Darwin apresentou sua "hipótese provisória da pangênese", que propunha a existência de centros produtores de gêmulas em todos os órgãos do corpo. Assim, todas as modificações que os órgãos sofressem acarretaria modificações nas gêmulas produzidas. Elas, então seriam transportadas até os órgão sexuais na época da reprodução e poderiam transmitir às novas gerações as características adquiridas.[113]

Entre os entusiastas das discussões sobre evolução estava o matemático e estatístico Francis Galton (1822 – 1911). Primo de Darwin, Galton, até 1860, se dedicou ao estudo dos métodos científicos. Interessava-se em especial, por tudo o que pudesse ser quantificado, matematizado, mensurado. Ao tomar contato com o trabalho de Darwin, passou a dedicar-se à aplicação da teoria da seleção natural aos seres humanos, considerando suas potencialidades físicas e intelectuais. Em 1864, na Exposição Internacional de Saúde, em Londres, Galton anunciou o seu Laboratório Antropométrico, iniciativa por meio da qual procuraria registrar, a partir da aplicação de questionários, características físicas e intelectuais de diferentes indivíduos. Tendo oferecido recompensas em dinheiro pelos históricos familiares mais abrangentes, reuniu cerca de 9.000 registros, o que lhe proporcio-nou material para análise de características humanas e de transmissões hereditárias por meio de tratamento estatístico.[114]

Em paralelo, Galton procurava ampliar e difundir seu projeto de fundação de uma ciência da hereditariedade humana,

---

113. FREZZATTI JÚNIOR, Wilson Antonio. *A construção da oposição entre Lamarck e Darwin e a vinculação de Nietzsche ao eugenismo*. Op. Cit.

114. DEL CONT, Valdeir. *Francis Galton: eugenia e hereditariedade*. In: Scientiae Zudia. São Paulo, 2008, v. 6, n. 2, p. 201-18.

fundamentada no princípio de que as características individuais seriam transmitidas e conservadas inalteradas de uma geração para outra. Em 1865, publicou seus primeiros textos sobre a transmissão das características hereditárias. Eram a primeira e a segunda parte do texto completo que viria a ser batizado pelo autor como *Talento e Caráter Hereditários*. Defendia, então, que a análise estatística tanto das características fisiológicas quanto dos talentos, revelaria a frequência das ocorrências, denunciando uma regularidade natural biológica.[115]

Mas, foi em 1869 que Galton publicou aquela que é considerada sua obra mais importante, *O Gênio Hereditário*, trabalho baseado em minucioso levantamento de biografias. Neste, defende a tese de que não apenas aspectos físicos, mas, também, capacidades intelectuais podiam ser calculadas, medidas, administradas e estimuladas por meio de casamentos criteriosos durante gerações consecutivas.

> [...] as habilidades do homem natural são derivadas por herança, sob exatamente as mesmas limitações que a forma e as características físicas de todo o mundo orgânico. Consequentemente, como é fácil, não obstante essas limitações, obter, por meio de uma seleção cuidadosa, raças permanentes de cães ou cavalos dotados de poderes peculiares de corrida, ou de fazer qualquer outra coisa, então seria bastante praticável produzir uma raça altamente talentosa de homens, por casamentos judiciosos durante vários gerações consecutivas.[116]

Tendo investigado a ocorrência de talentos em diferentes

---

115. DEL CONT, Valdeir. *O controle de características genéticas humanas através da institucionalização de práticas socioculturais eugênicas*. In: Scientiae Zudia. São Paulo, 2013, v. 11, n. 3, p. 511-30.
116. GALTON, Francis. *Hereditary Genius*. 2 ed. London: MacMillian and Co., 1892, p. 32.

gerações de cerca de 400 famílias aristocráticas e mesmo se deparando com exemplos de nepotismo recorrente naquelas famílias, Galton concluiu que vocações e talentos eram transmitidos biologicamente, de pais para filhos, desprezando a transmissão das condições materiais, das relações familiares e das oportunidades. Aderiu, assim, a um biologismo radical, apoiado em análises quantitativas e ignorando aspectos qualitativos.

Seguindo o pensamento da época, Galton entendeu que os seres humanos estavam divididos em raças específicas e que, assim, deviam existir representantes típicos de cada raça, ou seja, padrões raciais. Ao analisar levantamentos censitários, percebeu regularidades entre membros de uma mesma população e deduziu que se vocações e talentos eram características transmitidas de pais para filhos, o mesmo deveria ocorrer com as características fisiológicas.

> Agora, se este é o caso com a estatura, então também será verdadeiro com cada característica física, como perímetro cefálico, tamanho do cérebro, peso da matéria cinzenta, número de fibras cerebrais, etc., e, num passo que nenhum fisiologista hesitaria, capacidade mental. Este é meu objetivo: esta analogia mostra que deve haver uma média de capacidade mental obedecendo a certa constância nos habitantes das ilhas britânicas, e que os desvios dessa média, aqueles mais próximos da genialidade e aqueles mais próximos da estupidez, deve seguir a lei que governa os desvios de todas as médias verdadeiras.[117]

A partir de uma série de curvas de distribuição normal, Galton realizou uma síntese que, segundo ele, revelaria o padrão normal de uma raça. Considere-se uma amostra de pesquisa de certa população, com objetivo de investigar o tamanho do pé dos indivíduos:

---

117. Cf. GALTON, Francis. *Hereditary Genius*. Op. Cit. p, 28.

As pessoas adultas de 1,6m apresentam pés de tamanhos que variam de acordo com uma distribuição normal, que se repetirá em todas as alturas. Tomando todos os levantamentos, é possível colocar os resultados das diferentes pranchas num único quadro. Na reta horizontal, teremos o tamanho do pé e na vertical a altura da pessoa. Lançados os resultados de todas as alturas, teremos cada um dos indivíduos representados por um ponto no gráfico. O resultado será uma nuvem de pontos da qual será possível deduzir uma tendência de variação retilínea. A reta resultante, que passa pelo centro da nuvem, será o resultado da regressão e revelaria, segundo seu inventor, o padrão original da raça. A nuvem seria a dispersão causada pela falta de cuidados reprodutivos, pela falta de seleção dos reprodutores, pelo cruzamento de membros típicos da raça com membros "degenerados".[118]

Assim, Galton criou o método da regressão para calcular a essência da raça, a partida da hipótese provisória da pangênese, de Darwin. Embora lhe faltasse uma teoria que descrevesse os mecanismos de transmissão tanto dos caracteres quando dos talentos, concluiu que cálculos estatísticos e representações gráficas indicavam, claramente, a transmissão hereditária, constituindo-se como prova suficiente de sua existência.[119]

Impulsionada pelo erro de Galton, uma nova escola de pensamento estava se formando e com ela surgiam ferramentas matemáticas desenvolvidas com o objetivo específico de definir os padrões raciais a partir de dados censitários. Além da análise de regressão, a biometria[120], o teste exato de Fisher[121], o qui-quadrado

---

118. BIZZO, Nelio Marcos Vicenzo. *Eugenia: quando a Biologia faz falta ao cidadão*. In: Cadernos de Pesquisa. Faculdade de Educação. São Paulo: USP, 1995, n. 92, p. 41.
119. Cf. DEL CONT, Valdeir. *Francis Galton: eugenia e hereditariedade*. Op. Cit.
120. Estudo estatístico das características físicas ou comportamentais dos seres vivos.
121. Teste estatístico criado pelo biólogo e geneticista inglês, Ronald Fischer (1890–1962).

de Pearson[122] e vários algoritmos estatísticos foram inventados por Galton e por seus colaboradores, sendo utilizados até os dias de hoje em várias áreas do conhecimento, da biologia à engenharia e computação.

Para denominar a nova ciência, Galton cunhou o termo "eugenia", definido por ele como: "a ciência que trata daquelas agências sociais que influenciam, mental ou fisicamente, as qualidades raciais de futuras gerações"[123]. Em seu entender, a eugenia deveria se constituir como o fundamento para políticas pú-blicas que passariam a intervir socialmente, com o objetivo de promover a pureza racial.

A convicção de superioridade racial do homem branco europeu levou os cientistas a procurarem por seus fundamentos. Das teorias resultantes surgiram novos algoritmos que foram aplicados a levantamentos censitários, especialmente na forma de testes de coeficiente de inteligência (QI), cujos resultados confirmariam as convicções que os geraram. Interessante notar que tais conclusões científicas passaram a ser difundidas como "reflexo do que está na natureza e não na mente daqueles que criaram os métodos" para os estudos realizados, com o intuito de constatar aquilo que imaginavam.[124]

Participando do Congresso Demográfico (1894), Galton chamava a atenção para o que ele entendia como sinais de decadência racial inglesa, ou seja, indícios de que em pouco tempo a reprodução dos indivíduos das classes menos desenvolvidas os

---

122. Teste estatístico usado para avaliar quão provável é que qualquer diferença aconteça ao acaso. Criado pelo britânico Karl Pearson (1857–1936), em 1900.

123. GALTON, Francis. *Restrictions in Marriage*. Disponível em: http://galton. org/essays/1900-1911/galton-1906-eugenics.pdf. Acesso em: 20 abr. 2019.

124. Cf. BIZZO, Nelio Marcos Vicenzo. *Eugenia: quando a Biologia faz falta ao cidadão*. Op. Cit. p. 41.

levaria a superar numericamente os indivíduos mais bem dotados. Tal ameaça, em seu entender, exigia atitudes pró-ativas não apenas dos intelectuais, como também do Estado. Se fazia necessário que medidas eugênicas fossem aplicadas no sentido do controle e melhoramento populacional, como o estímulo ao casamento dos indivíduos mais dotados e restrições a indivíduos menos dotados.

O que se propunha era que — partindo do princípio de que era possível rastrear no histórico familiar dos indivíduos, por gerações consecutivas, os caracteres inferiores — se exercesse o controle das relações sexuais e da reprodução, de maneira a eliminar os comportamentos considerados como degenerados e as constituições físicas consideradas inferiores.[125]

Assim, Galton procurava naturalizar a eugenia como princípio político, concebendo-a como fundamento orientador de programas sociais de controle reprodutivo em função da elevação qualitativa das características encontradas no conjunto populacional. A boa procriação precisaria, portanto, da orientação constante e do controle de uma racionalidade externa, dada pelo conhecimento de um conjunto de fatores médicos e sociais, que só uma ciência eugênica poderia fornecer, sob a tutela do Estado e independentemente da escolha dos envolvidos.

Como a transmissão das características adquiridas se firmara como detalhe crucial do programa eugênico, Galton insistiria na explicação darwiniana para a hereditariedade, a pangênese que, segundo ele, era de "enorme utilidade para aqueles que pesquisam a hereditariedade", devendo ser entendida mesmo como "uma chave que abre todas as portas que nos impedem de conhecer sua natureza". Porém, a pangênese não pôde ser comprovada pela

125. Cf. DEL CONT, Valdeir. *O controle de características genéticas humanas através da institucionalização de práticas socioculturais eugênicas*. Op. Cit.

ciência, sendo invalidada pela Teoria Cromossômica da Herança, desenvolvida com base na genética de Mendel.[126]

Gregor Johann Mendel (1822–1884), monge agostiniano, biólogo, botânico e meteorologista, dedicou-se ao estudo do cruzamento de espécies. Realizou observações e experimentos com feijões, plantas frutíferas, camundongos, abelhas e, principalmente, com ervilhas que cultivava na horta do mosteiro onde vivia. Analisou matematicamente os resultados dos cruzamentos ao longo de quase uma década, e propôs que a transmissão de características acontece devido a um par de unidades hereditárias elementares, que ficou conhecido como "genes".[127]

Em vida, Mendel publicou dois trabalhos, *Ensaio com Plantas Híbridas* e *Hierácias Obtidas pela Fecundação Artificial.* Em 1865 formulou e apresentou em dois encontros na Sociedade de História Natural de Brno (Morávia) a Lei da Hereditariedade, hoje conhecida como Lei de Mendel, que envolve dois princípios: 1) cada indivíduo possui dois fatores hereditários para codificação de uma característica, sendo que estes fatores se segregam com igual probabilidade quando as células germinativas (gametas) são formadas; 2) os pares de fatores mendelianos para determinação de características diferentes se distribuem independentemente um dos outros na formação de gametas.[128]

As descobertas de Mendel indicam que nenhuma característica adquirida durante a vida dos seres humanos, devido a melhoramentos da condição de vida, passa a integrar seu patrimônio genético, como

---

126. Cf. GALTON, Francis. *Hereditary Genius.* Op. Cit. p. 350.

127. Cf. EDELSON, Edward. *Gregor Mendel: and the roots of Genetics.* Oxford: Oxford University, 1999.

128. Cf. BATESON, William; MENDEL, Gregor. *Mendel's Principles of Heredity: a defence, with a translation of Mendel's original papers on hybridisation.* Cambridge: Cambridge University Press, 2009.

propôs a hipótese da pangênese. A validade do mendelismo e da teoria cromossômica da herança estabeleceram-se plenamente, indicando a independência das células germinativas (reprodutivas) em relação às células somáticas (que formam todos os órgãos e tecidos do organismo).

Os trabalhos de Mendel, embora estivessem disponíveis em bibliotecas da Europa e dos EUA, foram redescobertos e analisados somente em 1900, por um grupo de cientistas — os botânicos Karl Correns (1864–1933), E. Tschermak (1871–1962) e Hugo de Vries (1848–1935).[129]

A validade da hipótese de que os cromossomos[130] seriam a base física dos fatores mendelianos foi potencializada pelo desenvolvimento da Citologia[131] e pelo aumento do conhecimento sobre as divisões celulares, no final do século XIX e início do século XX. Foi Walter Stanborough Sutton (1877 – 1916) quem primeiro registrou a formulação da hipótese de que o comportamento dos cromossomos durante a meiose[132] poderia explicar os padrões de segregação dos fatores mendelianos. Na época, estudos de Theodor Boveri (1862 – 1915) com ouriços do mar mostraram ser necessário dispor de todos os cromossomos presentes para que o desenvolvimento embrionário ocorra adequadamente. Pelo reconhecimento de que o comportamento dos fatores mendelianos, durante a formação de

---

129. Para saber mais: BATESON, William; MENDEL, Gregor. *Mendel's Principles of Heredity: a defence, with a translation of Mendel's original papers on hybridisation*. Cambridge: Cambridge University Press, 2009. / EDELSON, Edward. *Gregor Mendel: and the roots of Genetics*. Oxford: Oxford University, 1999.

130. Cromossomos: estruturas localizadas no núcleo das células que compõem os seres vivos, compostas por DNA (ácido desoxirribonucleico) que, por sua vez, carregam os genes de um ser vivo, responsáveis por definir as características físicas particulares de cada indivíduo.

131. Área da Biologia voltada para o estudo da morfologia, do desenvol-vimento e das funções das células e dos componentes celulares.

132. Meiose: processo de divisão celular através do qual uma célula tem o seu número de cromossomos reduzido pela metade.

gametas, é equivalente ao comportamento dos cromossomos na meiose, a hipótese cromossômica da herança ficou conhecida como hipótese de Sutton-Boveri. Esta ganhou aceitação geral gradualmente, estabelecendo-se como teoria cromossômica da herança.

O novo cenário científico que emergia no início do século XX, com a redescoberta dos trabalhos de Mendel, negava as premissas básicas da eugenia e, portanto, devia ter impactado negativamente o programa eugenista de forma irreversível. Porém, não foi o que ocorreu. Pelo contrário, a pregação dos discursos eugênicos radicalizou-se e passou a demandar contrapartidas institucionais de controle populacional, como a esterilização compulsória de pobres, a suspensão de assistência social para famílias numerosas, além do incentivo a casamentos entre herdeiros da aristocracia e das elites financeiras, e a reprodução desses casais.[133]

Isso nos leva a pensar que o ideal transumanista, que ganhou força em fins do século XX, surgiu em meio aos preconceitos difundidos pela eugenia — lembremos que o conceito foi cunhado por Julian Huxley na década de 1920 —, e hoje tem a tarefa de libertar-se deles, não apenas ao nível do discurso expresso em manifestos e declarações, mas ao nível mais elementar das estruturas inconscientes que possam vir a permear as conclusões de pesquisas científicas e as reflexões filosóficas

Na década de 1920, o programa eugênico, mesmo desprovido de fundamentos científicos e apenas com base em prer-

---

133. Cf. DEL CONT, Valdeir. *Francis Galton: eugenia e hereditariedade*. Op. Cit. / DEL CONT, Valdeir. *O controle de características genéticas humanas através da institucionalização de práticas socioculturais eugênicas*. Op. Cit. /BIZZO, Nelio Marcos Vicenzo. *Eugenia: quando a Biologia faz falta ao cidadão*. Op. Cit. / MAI, Lílian Denise; ANGERAMI, Emília Luigia Saporiti. *Eugenia negativa e positiva: significados e contradições*. In: Revista Latino-americana de Enfermagem. São Paulo: USP, 2006, março-abril.

rogativas de senso comum, ganhava fôlego com a adesão de intelectuais. Não só na Europa, como também nos Estados Unidos, e mesmo no Brasil, ocorreram práticas de segregação e de controle reprodutivo de seguimentos populacionais considerados fora do padrão desejável, apoiadas por interpretações cientificistas. No Brasil, o médico eugenista Renato Kehl (1889-1974), foi especialmente influente. Escreveu ele:

> Os cromossomos da cromatina, ou melhor, os determinantes, ou melhor ainda, os bióforos se entrechocam, lutam entre si, selecionam-se, eliminando-se com o glóbulo polar os mais fracos, os inferiores, e persistindo nos pronúcleos resultantes os mais aptos, os mais fortes [...] a célula germinal de um indivíduo tarado contém tantas espécies de bióforos quantos caracteres existiam no indivíduo de onde proveio; portanto, terá bióforos bons e inferiorizados, que serão eliminados com os glóbulos polares; se, porém, forem em quantidade superior é certo que a expulsão deles não sendo total, muitos figurarão no pronúcleo. Ora, se esse fato se der, tanto no óvulo quanto no espermatozoide, está patenteado a inferioridade do produto resultante da combinação de tais células. Em outros termos, se os pronúcleos fêmeas e machos são bons, o produto será ótimo e o novo ser deles oriundo será um tipo forte; se os pronúcleos contêm elementos cromáticos impregnados de taras, o produto será por sua vez tarado, e o ser resultante, um inferiorizado.[134]

A derrota científica da pangênese não constituiu empecilho à eugenia, até porque a própria Teoria Cromossômica passou a ser pervertida pelos partidários do controle da disseminação das "características humanas indesejáveis". Bizzo nos conta que esse tem sido um padrão das manifestações eugenistas, que têm como premissa básica sempre a "tentativa de compartilhar a ideia de transmissão

---

134. KEHL, Renato. *A cura da fealdade*. Rio de Janeiro: Livraria Francisco Alves, 1919, p. 189.

hereditária das características adquiridas com os mais recentes acha-
dos biológicos", como acontece acima na citação de Kehl.[135]

Nos anos 40, em meio à Segunda Guerra Mundial, as práticas eugênicas culminaram com experiências realizadas em campos
de concentração nazistas e no holocausto. Hitler, então aliava suas
ambições nacionalistas ao ideal de "higienização racial" e pregava:
"O papel do mais forte é o de dominar e não de fundir-se com o
mais fraco, sacrificando assim a sua própria grandeza. Só o fraco de
nascimento pode achar essa lei cruel"[136].

Importante frisar que também o entendimento do que é fraco
e forte é questionável, pois está sujeito a interpretações. Há de se
considerar que as palavras também têm história e que seus
significados mudam; que interesses diversos influenciam os
significados em diferentes épocas. Mais adiante, vamos volta a essa
questão à luz da filosofia nietzschiana. De qualquer forma, em
consequência do advento do nazismo e do holocausto, a eugenia
tornou-se um estigma, raramente sendo defendida explicitamente.
Porém, os preconceitos persistem, assim como as biopolíticas para
o controle social e os significados ocultos nos discursos para o
"melhor".

1.7 Formações Valorativas dos Fundamentos Transumanistas

O transumanismo tem como premissa que devido ao alto
nível de desenvolvimento tecnocientífico alcançado no século XX, a
humanidade ganhou a oportunidade de melhorar-se e às condições

---

135. BIZZO, Nelio Marcos Vicenzo. *Eugenia: quando a Biologia faz falta ao cida-dão*. Op. Cit., , n. 92, pp. 38-52.
136 HITLER, Adolf. *Minha Luta*. São Palo: Moraes, 1983, p.185-186.

de sua existência, ampliando suas capacidades físicas e mentais, e mesmo seu tempo de vida ilimitadamente. Aos filósofos transumanistas cabe, portanto, refletir sobre as condições e possibilidades abertas por essa oportunidade, de maneira a orientar os homens no percurso da transumanidade. Os manifestos transumanistas indicam quais as principais e mais urgentes reflexões a serem desenvolvidas. O cientificismo e a concepção de melhoria humana são paradigmas intrínsecos das discussões em andamento.

Comte destacou-se como o filósofo que acreditou ter encontrado na matematização, na observação empírica, na experimentação, na razão aplicada à identificação das leis naturais que regem todas as relações fenomênicas, a solução para os problemas da humanidade. Para ele, a aplicação do método das ciências naturais leva à compreensão e manipulação da matéria e, também, ao estabelecimento de uma ordem social estável, garantidora de felicidade individual e bem-estar social. Assim, sua filosofia pretende ser um sistema que, pela aplicação do método científico, possibilitaria tornar a humanidade feliz. Ao longo de todo o século XX o modo positivista de pensar esteve na base do desenvolvimento industrial, nos modos de produção e de administração empresarial, do taylorismo à revolução das comunicações.

Galton, por sua vez, levou ao extremo a aplicação da matemática à interpretação de fenômenos biológicos, mais especificamente à hereditariedade. Sua radicalidade o levou a descartar a influência qualitativa dos aspectos culturais e sociais na formação dos indivíduos, inclusive na sua própria. Chama a atenção como a interpretação estatística levou Galton, pesquisador e cientista, a reduzir seu próprio âmbito de considerações quanto aos inumeráveis fatores e interações propensos a influir, de maneira nada evidente, na transmissão dos caracteres e na evolução dos indivíduos. Embora a invalidação da pangênese tenha esvaziado a eugenia de validade científica, ela persistiu como ideologia. As palavras de Darwin, em seu *A Descendência do Homem* (1871) são contundentes.

> Nos selvagens, as fraquezas do corpo e da mente são imediatamente eliminadas; aqueles que sobrevivem apresentam normalmente um estado vigoroso de saúde. Nós, homens civilizados, por outro lado, envidamos todos os esforços para deter o processo de eliminação; construímos asilos para os loucos, aleijados e doentes; instituímos leis para os pobres e os nossos médicos exercitam ao máximo a sua habilidade para salvar a vida de quem quer que seja até o último momento. Há motivos para se crer que a vacinação tenha salvo um grande número daqueles que, por débil constituição física, não teriam em tempo resistido à varíola. Desta maneira, os membros fracos das sociedades civilizadas propagam o seu gênero. Ninguém que tenha se dedicado à criação de animais domésticos duvidará que isso pode ser altamente perigoso para a raça humana. É surpreendente ver com que rapidez a falta de cuidados, ou cuidados inapropriados, leva à degeneração uma raça doméstica; mas, com exceção do homem, é raro que alguém seja tão ignorante a ponto de permitir que seus piores animais se reproduzam.[137]

Bizzo nos conta que não apenas Francis Galton e Charles Darwin foram propagadores da ideologia eugenista. Leonard Darwin, filho do autor de *A Evolução das Espécies*, na década de 1920 teve grande influência em ações de combate às políticas governamentais de amparo aos pobres e no estabelecimento de leis eugênicas na América. Ele foi eleito presidente da Federação

---

137. Cf. DARWIN, Charles. *A Origem das Espécies. Op. Cit.*, p. 161-162. / DARWIN, Charles. *The descent of man, and selection in relation to sex.* United Kingdom: Princeton University Press, Chichester, West Sussex, 1981.

Internacional das Sociedades Eugênicas em 1921.[138]

> Todos os pais que têm recebido assistência social deveriam ser advertidos para não mais se reproduzir; e no caso desse aviso não ser atendido, toda a ajuda deveria ser suspensa. Acrescente-se que será benéfico para a raça se todas as famílias vivendo de forma não-civilizada, e aumentando em número apesar de todas as advertências, fossem separadas até que os pais consentissem em ser esterilizados. [...] Se fosse certo que nenhuma dessas reformas poderia ser introduzida [...] nossa civilização estaria destinada a desaparecer vagarosamente, [...] um desastroso efeito para o nosso desejo de promover o progresso nacional.[139]

Assim, a aplicação das ciências e das técnicas à melhoria da sociedade, proposta por Comte, em Galton se converte em instrumento de controle social por meio de imposições de políticas públicas para uma suposta melhoria da espécie, tomando como princípio que o "melhor" corresponderia aos padrões aceitos pela elite europeia do século XIX. A eugenia, neste sentido, é instrumento de exercício de poder dos supostamente melhor dotados contra os supostamente menos dotados, que se converte, na prática, na negação da afetividade pelo controle mecânico e pragmático da sexualidade e da reprodução.

Para Leonard Darwin, empenhar esforços para deter o processo de eliminação dos "fracos", diferencia os homens civilizados dos bárbaros. Para além da longa discussão ética quanto à validade desse procedimento, o fato é que no século XXI se alcançou à situação de contar com recursos que permitem aos civilizados "fortes" assim proceder, sem prejuízos à sua própria condição. A

---

138. Cf. BIZZO, Nelio Marcos Vicenzo. *Eugenia: quando a Biologia faz falta ao cidadão*. Op. Cit.

139. Cf. DARWIN, Leonard. *The Need of Eugenic Reform*. London: John Murray, 1926, p. 388-90.

discussão ética não pode deixar de considerar se o forte não usa o disfarce do aparentemente forte, favorecido por seu ambiente de nascimento; se o aparentemente fraco é de fato, ou está. A natureza nem sempre se revela em sua nudez. No atual estágio de desenvolvimento científico e técnico, a civilização também pode, ou poderia sem grandes sacrifícios, organizar-se para proporcionar dignidade até aos mais fracos de essência ou por circunstância.

Vimos como a busca por atingir a vida "melhor" (entendida como naturalmente mais forte, mais bela, inteligente e capaz de acordo com padrões estabelecidos, organicamente mais resistente, saudável, duradoura e feliz), bem como a aplicação do "conhecimento superior" (o científico), são valores intrínsecos ao transumanismo. Este, por sua vez, se apresenta como a filosofia que acolhe a visão cientificista de mundo, aceita-a como fato estabelecido, desejável, e, na prática, se propõe a exercer o papel que Comte destinou à filosofia, ou seja, pensar os métodos e as relações entre as ciências e, também, desenvolver trabalhos filosó-ficos para reorganizar a sociedade.

O transumanismo pode, porém, ultrapassar as limitações que Comte impõe à filosofia — ser mais do que uma filosofia sobre a ciência e seus métodos para ser a filosofia plenamente esclarecida sobre si mesma e para a construção do futuro, esclarecendo, com antecedência, sobre as condições, as possibilidades e as soluções éticas para os problemas surgidos no processo de transição do humano para o pós-humano. Hoje, se por um lado acolhe um segmento tecnocientificista, por outro também abarca filósofos e cientistas conscientes da complexidade e dos riscos envolvidos.

Neste sentido, o transumanismo é um paradoxo, pois claramente é uma filosofia cientificista em desenvolvimento no século XXI, que tem como principal ponto em comum com o cientificismo comteano do século XIX a busca pela superação das condições primitivas da natureza, com o objetivo de garantir a felicidade dos homens em sociedades industriais avançadas. Porém, a formação da concepção de melhor prescinde do ideário que marcou o desenvolvimento da eugenia, perversa ideologia pela qual se exerce o controle social.

Desde a divulgação da teoria da evolução de Darwin, a manipulação genética humana passou a ser vista como meio de acelerar a progressão da espécie e a emancipação dos homens. O transumanista Bostrom não deixa de nos lembrar de que a ideia passou a guiar a prática em meio à Segunda Guerra Mundial, quando o ideal de "higienização racial" orientou as macabras experiências realizadas em campos de concentração nazistas, e, também, nos lembra de que a ideia de controle racial inspirou programas de esterilização e controle populacional, discretamente levados a cabo nos Estados Unidos nos anos 70.[140]

Ainda segundo Bostrom, nos últimos cem anos, os índices de expectativa de vida teriam aumentado, tornando cada vez mais possível que homens e mulheres alcancem os cem anos de vida. Porém, o progresso da ciência, que garantiu novas medidas de prevenção contra epidemias e doenças, novos tratamentos e melhores condições gerais de vida, também trouxe, além do holocausto, a guerra atômica de Hiroshima e Nagasaki (1945), o desastre nuclear de Tchernóbil (2000) e o 11 de Setembro de Nova York (2001).[141]

Desde a década de 1980, as sociedades contemporâneas vêm vivenciando um crescente movimento de "genetização", refletido

---

140. Cf. BOSTROM, Nick. *A History of Transhumanist Throught*. Op. Cit.
141. Idem. Idem.

nas preocupações com a substituição das partes anormais, ou potencialmente anormais, dos indivíduos por medo de que elas possam afetar a saúde e a qualidade de vida. Com o objetivo de conhecer em detalhes a estrutura molecular do material genético humano e mapeá-lo, estabelecendo a sequência exata das bases nitrogenadas que o compõem, na década de 1990, teve início o Projeto Genoma Humano[142].

A clonagem de embriões acrescenta novos elementos de incerteza a um cenário que não superou as propostas da eugenia. Estuda-se a replicação de embriões humanos, ao mesmo tempo em que são desenvolvidas, técnicas de engenharia genética para modificá-los.

> Nesse momento, a eugenização pode ser associada à genetização institucionalizada, representando as respostas políticas e institucionais das sociedades que buscam a implementação de meios para lidar concretamente com temores genéticos reais ou percebidos e para tornar esses meios disponíveis para os segmentos sociais. [...] Tal leque de possibilidades converge com uma certa apologia do direito de escolha e de decisão dos indivíduos, exacerbado, talvez, em função dos próprios avanços biotecnológicos nesse campo que, com intuito comercial tem remetido ao espaço privativo das famílias a ideia de que lhes compete decidir sobre a intervenção a ser tomada, em prol do bom nascimento, como se tal decisão não repercutisse sobre o coletivo, ou antes, não fosse reflexo desse coletivo. Nesse

---

142. Projeto fundado em 1990. Inicialmente dirigido por James D. Watson, então chefe dos Institutos Nacionais de Saúde dos Estados Unidos. Naquele ano contava com a colaboração de mais de 5000 cientistas, de 250 diferentes laboratórios e centros de pesquisa ao redor do mundo, formando o Consórcio Internacional de Sequenciamento do Genoma Humano. Dispunha de um orçamento variável entre US\$ 3 bilhões a US\$ 53 bilhões. Este consórcio publicou um esboço inicial na revista científica Nature em fevereiro de 2001 com cobertura de cerca de 90 por cento do genoma. No dia 10 de julho de 1999 foi anunciado o primeiro rascunho do genoma humano. Em 14 de abril de 2003, um comunicado à imprensa anunciou que o projeto fora concluído com sucesso, com o sequenciamento de 99% do genoma humano com uma precisão de 99,99%. Cf. NATURE (2001).

sentido, a própria origem do desejo pode e deve ser questionada: "muitas vezes, assim como o exemplo das tecnologias reprodutivas demonstra, a vontade é antes resultado de uma socialização pautada por princípios e pressupostos opressores". [143]

Em outras palavras, as últimas décadas do século XX assistiram ao mascaramento do ideal eugênico, base da violência nazista e do holocausto, no ideal de melhoria das condições de vida e superação dos limites humanos, possibilitadas pelo atraente verniz do "avanço tecnológico" proporcionado pelo conhecimento científico e impulsionado pelos lançamentos editoriais.

Comte, no século XIX, apostou no progresso continuado das ciências. Entendeu que pelo emprego dos métodos das ciências naturais seria possível, cada vez mais, identificar as causas dos fenômenos, bem como a influência dessas causas nas repetições fenomênicas. Porém, em seu entender a ciência levaria a conhecimentos exatos e eficazes. Comte desconsiderou o alto preço a pagar pelos preconceitos, ideologias e enganos a que o próprio processo de aperfeiçoamento científico levaria.[144]

Neste ponto, vale retomar a conceituação de Max More: transumanismo é uma "filosofia que busca nos guiar em direção a uma condição pós-humana"[145]. No entender de More, e dos transumanistas em geral, o humanismo e sua aposta na educação não eliminaram os problemas da humanidade, porém a tecnociência pode fazê-lo. Talvez More e os transumanistas subestimem a complexidade dos "problemas da humanidade", suas responsabilidades para com a ordem ecológica e mesmo cosmológica.

---

143. MAI, Lilian Denise; ANGERAMI, Emília Luigia Saporiti. *Eugenia negativa e positiva: significados e contradições*. Op. Cit., p. 255.

144. COMTE, Auguste. *Curso de Filosofia Política*. Op. Cit.

145 MORE, Max. T*ranshumanism: toward a futurist Philosophy*. Op. Cit.

PARTE II – O PENSAMENTO DE FRIEDRICH NIETZSCHE

[...] quem é capaz de sentir o conjunto da história humana como sua própria história sente, numa colossal generalização, toda a mágoa do doente que pensa na saúde, do ancião que lembra o sonho da juventude, do amante a quem roubaram a amada, do mártir cujo ideal foi destruído, do herói após a batalha que nada decidiu e lhe causou ferimentos e a morte do amigo —, mas carregar, poder carregar, essa enorme soma de mágoas de toda espécie e ainda ser o herói que, no romper do segundo dia de batalha, saúda a aurora e a sua fortuna, como o ser que tem um horizonte de milênios à sua frente e atrás de si, como o herdeiro de toda a nobreza do espírito passado, herdeiro com obrigações, o mais aristo-crático de todos os velhos nobres e também o primo-gênito de uma nova aristocracia, cujos pares ainda ne-nhuma época viu ou sonhou: tudo isso acolher em sua al-ma, as coisas mais antigas e mais novas, perdas, esperanças, conquistas, vitórias da humanidade: tudo isso, afinal, ter em uma só alma e reunir num só senti-mento: – isso teria de resultar numa felicidade que até agora o ser humano não conheceu – a felicidade de um deus pleno de amor, cheio de lágrimas e risos, numa felicidade que, tal como o sol no princípio da noite, continuamente, se desfaz de sua inesgotável riqueza e a derrama no mar, e que, tal como ele, só vem a se sentir verdadeiramente rica quando até o mais pobre pescador pode remar com os remos de ouro! Esse divino sentimento se chamaria então — HUMANIDADE!"

Friedrich Wilhelm Nietzsche,
A Gaia Ciência, 337, (1882)

2. A DINÂMICA DA CRIAÇÃO E DA DESTRUIÇÃO DE NOVOS VALORES

Neste capítulo, são discutidos alguns aspectos da filosofia de Nietzsche. Toma-se como guia o objetivo de reunir fundamentos que permitam refletir sobre as temáticas do cientificismo e da "melhoria humana", colocadas pela análise da formação do pensamento transumanista, realizada no primeiro capítulo. É apresentada a teoria das forças, a partir da qual Nietzsche concebeu o conceito de "vontade de potência", a crítica do filósofo à ciência moderna e sua proposta de construção de "uma outra ciência", uma "gaia ciência". Verificamos que tal construção só pode acontecer em meio a um processo de "destruição e criação de novos valores", que Nietzsche identificou como "niilismo", cujo antídoto seria a "transvaloração de todos os valores" e o "além-do-homem".

2.1 O Problema do Conhecimento Pela Perspectiva da Vontade de Potência

O conhecimento é tema frequente nas obras de Nietzsche, que o aborda em diferentes contextos e a partir de perspectivas distintas. Seu interesse sempre recai sobre as implicações valorativas do conhecer, antes de voltar-se para as particularidades de uma teoria do conhecimento.

Nietzsche pretendia apresentar um projeto filosófico alternativo à "visão de mundo da modernidade". Com essa intenção, desenvolveu uma "hipótese geral de interpretação da existência", que consiste de uma "explicação de conjunto", fundada no conceito de "vontade de potência" (ou vontade de poder). Este, apresentado em suas obras da maturidade.[146]

Atento ao desenvolvimento científico de sua época, o jovem Nietzsche entusiasmou-se com as ideias do físico, astrônomo, filósofo e monge Ruđer Josip Bošković S.J. (1711 – 1787). Nascido na República da Ragusa, hoje território croata, filho de pai croata e mãe italiana, Boscovich foi educado em colégio Jesuíta e, mais tarde (1725), tornou-se membro daquela ordem religiosa. Entre 1728 e 1733 estudou matemática, física e filosofia no Collegium Romanum, onde foi nomea-do professor de matemática em 1740. Esforçou-se por descrever a natureza por meio de configurações de partículas de energia consti-tuintes de campos de forças. Entendeu a matéria como composta por padrões organizados de energia, e não por átomos sólidos. O real, para ele, é condição verificável da força emanada de tais padrões.

Boscovich publicou dezenas de ensaios sobre astronomia, ótica e gravitação, entre outros. É considerado um dos primeiros cientistas a aceitar a Teoria Gravitacional de Isaac Newton (1643 – 1727). [147] Em

---

146. GIACÓIA JÚNIOR, Oswaldo. *Nietzsche & Para Além do Bem e do Mal*. São Paulo: Rio de Janeiro, 2005, p. 9.

147. PETRONIEVIC, Branislav. *Life of Roger Joseph Boscovich*. In: BOSCOVICH S.J., Roger Joseph. *A Theory of Natural Philosophy*. Chicago/London: Open Court Publishing, 1922, pp. VII-IX. — Para saber mais, consultar: MARTINS, Milene R.; NEVES, Marcos C.D.; GARDELLI, Daniel. *A Concepção de Força de Roger Boscovich*. Disponível na Internet em: http://periodicos.unespar.edu.br/index.php/ensinoepes quisa/article/view/2 563/1881. Acessado em: 20.06.2021. / GORI, Pietro. *La visione dinamica del mondo. Nietzsche e la filosofia naturale di Boscovich*. Napoli: La città del sole, 2007.

contato com suas obras, Nietzsche passou a familiarizar-se com a física moderna e a reunir os fundamentos que o levaria a formular o conceito de "vontade de potência". Entendendo o atomismo[148] e o mecanicismo[149] como padrões equivocados de pensamento — pois acrescentam matéria[150] à força que se efetiva, atribuindo ao átomo particularidades só possíveis à força —, fez opção radical pela energética.

> [...] enquanto Copérnico nos persuadiu a crer, contrariamente a todos os sentidos, que a Terra *não* está parada, Boscovich nos ensinou a abjurar a crença na última parte da Terra que permanecia firme, a crença na "substância", na "matéria", nesse resíduo e partícula da Terra, o átomo: o maior triunfo sobre os sentidos que até então se obteve na Terra. — Mas é preciso ir ainda mais longe e declarar guerra, uma implacável guerra de baionetas, também à "necessidade atomista", que, assim como a mais decantada "necessidade metafísica", continua vivendo uma perigosa sobrevida em regiões onde ninguém suspeita: é preciso inicialmente liquidar aquele outro e mais funesto atomismo,

---

148. Atomismo: Doutrina criada por filósofos gregos dos séculos V a IV a.C., como Demócrito e Leucipo, segundo a qual a matéria é constituída por partículas minúsculas e indivisíveis (átomos), que se movem no vazio devido a causas mecânicas. — Cf. COMTE-SPONVILLE, André. *Dicionário Filosófico*. São Paulo: Martins Fontes, 2003.

149. Mecanicismo: concepção filosófica materialista e determinista, que defende a ideia de que os fenômenos naturais podem ser explicados apenas em termos de matéria, de movimento e de suas leis causais. Doutrina que busca a explicação dos fenômenos biológicos nas leis da Mecânica. As teorias mecanicistas afirmam a necessidade de eliminar da ciência aquelas entidades não observáveis, que não podem ser compreendidas mediante procedimentos matemáticos; reduzem as funções biológicas aos processos físicos e químicos e eliminam qualquer explicação teleológica e vitalista da natureza. — Cf. COMTE-SPONVILLE, André. *Dicionário Filosófico*. Op. Cit.

150. Matéria, Materialismo: trata-se da deno-minação que envolve as escolas e sistemas filosóficos que reduzem a realidade à matéria e consideram que a consciência ou o espírito é uma consequência dela. A primeira doutrina filosófica de caráter materialista que surgiu na história do pensamento ocidental foi o atomismo grego de Leucipo e de Demócrito, que defendia, diante do idealismo platônico, que a realidade é composta por átomos, partículas indivisíveis de diferentes formas, de cuja combinação no vazio surge a natureza material. — Cf. COMTE-SPONVILLE, André. *Dicionário Filosófico*. Op. Cit.

> que o cristianismo ensinou melhor e por mais longo tempo, o
> *atomismo da alma*. Permita-me designar com esse termo a
> crença que vê a alma como algo indes-trutível. Eterno,
> indivisível, como uma mônada, um *atomon:* essa crença
> deve ser eliminada da ciência! [...] Está aberto o caminho
> para novas versões e refinamento da hipó-tese da alma: e
> conceitos como "alma mortal", "alma como pluralidade do
> sujeito" e "alma como estrutura social dos im-pulsos e
> afetos", querem ter, de agora em diante, direitos de
> cidadania na ciência.[151]

Em *Além do Bem e do Mal* (1886), Nietzsche acena com a
ideia de que as explicações apresentadas pela Física podem não ser
definitivas e sim interpretações possíveis em cada época, ou modos
possíveis de dispor as coisas. Em perspectiva nietzschiana, a energia é
o que constitui tudo o que existe. Porém, a energia não é em si mesma, ela é um agir sobre algo, um algo que se efetiva, ou um simples
efetivar-se na relação com outros. "Um *quantum* de força equivale a
um *quantum* de impulso, vontade, atividade — melhor, nada mais é
se não este mesmo impulso, este mesmo querer e atuar" para, sub-
metendo o outro, efetivar-se.[152]

Ao pensar o mundo, Nietzsche postula a existência de uma
pluralidade de forças, presentes em todas as coisas. De caráter
essencialmente dinâmico, a força age e resiste em relação a outra,
num querer-vir-a-ser em relação com outro querer-vir-a-ser.

> Um *quantum* de potência é caracterizado pelo efeito que ele
> exerce e pelo que lhe resiste [...] é essencialmente uma
> vontade de violação e de resistir à violação [...] o efeito de
> cada átomo se exerce sobre o todo da existência — quando se
> deixa de pensar nessa radiação, deixa-se de pensar no
> próprio átomo. Por essa razão, chamo-o de um *quantum* de

---

151. NIETZSCHE, F. W. *Além do Bem e do Mal.* Tradução: Paulo César de Souza.
São Paulo: Companhia das Letras, 2005, p. 18. Itálicos do autor.
152. NIETZSCHE, F. W. *A Genealogia da Moral.* Tradução: Paulo César de Souza.
São Paulo: Companhia das Letras, 2009, p. 33.

"vontade de potência" [...].[153]

Assim, o mundo é sempre o processo de efetivar-se de uma pluralidade de forças que permanecem em relação umas com as outras. Nele não há, portanto, estruturas permanentemente estáveis e sim elementos em inter-relações, campos instáveis de forças dinâmicas em permanente tensão, que sustentam a unicidade do mundo. Não há forças transcendentais, nem finalidades, apenas processos de efetivar-se. Em *Ecce Homo*, referindo-se à energia, o filósofo afirma: "Ela necessita de objetos de resistência; portanto, procura pelo que resiste a ela".[154]

"Vontade de potência", do alemão *Willie zur Macht*, sendo que *Willie* designa disposição, impulso, tendência, e *Macht*, do verbo *Machen*, que significa efetuar, fazer, produzir, formar.[155] A vontade de potência é o impulso de efetivação, próprio de toda força que, ora impulsiona e vence a resistência de outra força, ora é vencida e toma parte numa configuração determinada pela força vencedora. Em cada instante as forças se relacionam de maneira diferente e se dispõem distintamente. Uma força vence a resistência de outra, superando-a e determinando novas disposições. Assim, enquanto força eficiente, ela é força plástica criadora.

Na relação entre duas forças que se opõem, ocorre a luta por efetivar-se. Nos organismos que compõem os seres vivos, a luta ocorre nos órgãos, nos tecidos e nas células, determinando suas configurações e seus estados. Já o desenvolvimento de uma coisa, seja ela qual for, é sempre um suceder de

---

153. NIETZSCHE, Friedrich. *The Will Power*. Trad Walter Kaufmann and R. J. Hollingdale. New York: Vintage Books, 1968, pp. 337-338.

154. NIETZSCHE, F. W. *Ecce Homo*. Tradução: Paulo César de Souza. 1 ed. São Paulo: Companhia das Letras, 2008. p. 29.

155. Cf. MARTON, Scarlett. *Nietzsche: das forças cósmicas aos valores humanos*. São Paulo: Brasiliense, 1990.

> [...] processos de subjugação que nela ocorrem, mais ou
> menos profundos, mais ou menos interdependentes, junta-
> mente com as resistências que a cada vez encontram, as
> intentadas metamorfoses com o fim de defesa e reação, e
> também os resultados de ações contrárias bem-sucedidas.[156]

Assim, também o corpo humano, em suas dimensões física e psicológica, é formado por configurações de força que obedecem a lógica da vontade de potência; é uma organização pulsional hierarquizada. A luta é necessária, pois devido à natureza das relações de força não pode deixar de existir. Embora não vise a objetivos ou finalidades, exerce-se no sentido de continuar efetivando-se, ou seja, contra a inércia que determinaria a morte. Nesse sentido, morte é ausência de atividade de forças dinâmicas.

> Efetivando-se, a vontade de potência faz com que a célula
> esbarre em outras que a ela resiste; o obstáculo, porém,
> constitui um estímulo. Com o combate uma célula passa a
> obedecer a outra que predomina, uma parte do organismo
> torna-se função de outra que vence durante algum tempo. A
> luta desencadeia-se de tal forma que não há pausa nem fim
> possíveis; mas ainda, ela propicia que se estabeleçam
> hierarquias jamais definidas.[157]

A vida, portanto, identifica-se à dinâmica da vontade de potência e esta age no sentido de continuar agindo. No corpo, a estrutura pulsional se organiza em função da manutenção de vidas duráveis. Em âmbito psicológico, essa atividade determina as atividades mentais e a construção do conhecimento, acabando por plasmar valores e cultura, também eles campos de energias dinâmicas em luta por efetivar-se.

Para referir-se àquilo que é, representa ou determina a

---

156. NIETZSCHE, F. W. *A Genealogia da Moral.* Op. Cit., p. 61.
157. MARTON, Scarlett. *Nietzsche: das forças cósmicas aos valores humanos.* Op. Cit., p. 30.

desagregação dos impulsos da vontade de potência, Nietzsche usa o termo em francês, *décadence*, e o localiza na história:

> [...] *toda a moral do aperfeiçoamento, também a cristã, foi um mal-entendido...* A mais crua luz do dia, a racionalidade a todo custo, a vida clara, fria, cautelosa, consciente, sem instinto, em resistência aos instintos, foi ela mesma apenas uma doença, uma outra doença — e de modo algum um caminho de volta à "virtude", à "saúde", à "felicidade"... *Ter de combater os instintos* — eis a fórmula da *décadence*: enquanto a vida ascende, felicidade é igual a instinto.[158]

Nietzsche emprega o termo "instinto" com o mesmo significado de impulso (*Trieb*), afeto (*Afket*) e força (*Kraft*), conforme assinala[159]. Assim, *décadence* remete a um processo de degeneração das potências e das configurações organizadas por elas. Ora, se todas as coisas são processos energéticos de efetivar-se, que deter-minam organizações instáveis, tais organizações surgem, desenvolvem-se e, posteriormente, desaparecem.

> Uma moral "altruísta", uma moral em que o egoísmo se *atrofia* — é, em todas as circunstâncias, um mau indício. Isto vale para os indivíduos, isto vale especialmente para os povos. Falta o melhor, quando o egoísmo começa a faltar. Escolher instintivamente o que é prejudicial *para si, ser atraído* por motivos "desinteressados" é praticamente a fórmula da *décadence*. [...] Desagregação dos instintos! O ser humano está no fim quando se torna altruísta. [...] em todo o terreno mórbido da sociedade ele rapidamente prolifera em tropical vegetação de conceitos, ora como religião (cristianismo), ora como filosofia (schopenhauerismo). Os miasmas de uma tal floresta de árvores venenosas, nascidas da putrefação, podem envenenar a vida durante séculos,

---

158. Itálico e reticência do autor. — NIETZSCHE, F. W. *Crepúsculo dos ídolos*. São Paulo: Companhia das Letras, 2006, p. 22.
159. Cf. FREZZATTI JÚNIOR, Wilson Antonio. *Nietzsche Contra Darwin*. 2 ed. São Paulo: Loyola, 2014.

durante milênios.[160]

Negar o altruísmo, abraçar o egoísmo, no entanto, não significa validar a crueldade, pois não implica deixar de reconhecer que a destruição do outro pode nos destruir. Pelo contrário, o egoísmo pode estar, justamente, em promover a saúde do outro — quando isso é possível —, para manter a própria. Daí se entende que aniquilar o outro é sinal de decadência, como Nietzsche afirma muito claramente. A força está em não negar o conflito, está mesmo em desejá-lo, pois é no conflito que a força se expande, por meio dele formam-se os impulsos necessários para que se chegue ao ápice da capacidade de viver, ou seja, da vontade de potência. Para Nietzsche, o egoísta não é, necessariamente, um destruidor ou o que se nega a colaborar. É antes aquele que detém a força necessária às opções de risco, complexas, difíceis.

A título de exemplo, ressalta-se a polêmica de Nietzsche contra Darwin. Tendo estudado a complexa relação entre o pensamento de ambos, Frezzatti Júnior[161] esclarece que no centro das divergências se encontram as diferentes concepções do filósofo e do cientista quanto à "luta pela existência como conservação", à "seleção natural como mecanismo de progresso da espécie" e ao "desenvolvimento moral".

> As espécies *não* crescem na perfeição: os fracos sempre tornam a dominar os fortes – pois são em número maior, são também *mais inteligentes*... Darwin esqueceu o espírito... É preciso ter necessidade de espírito para adquirir espírito – ele é perdido quando não mais se necessita dele. Quem tem força dispensa o espírito ("deixem de lado!", pensa-se hoje na Alemanha, "o Reich continuará nosso"...). Entendo por espírito, como se vê, a cautela, a paciência, a astúcia, a dis-

---

160. Cf. NIETZSCHE, F. W. *Crepúsculo dos ídolos*. Op. Cit. p. 83.
161. FREZZATTI JÚNIOR, Wilson Antonio. *Nietzsche Contra Darwin*. Op. Cit., p. 36.

simulação, o grande autodomínio [...].[162]

Embora para ambos a vida tem como base a luta, esta ocorre por motivos distintos. Darwin entende que a luta tem como objetivo a sobrevivência, a conservação da vida e a produção de descendentes. Por sua vez, Nietzsche defende que a luta é pela afirmação e expansão da força dos combatentes. Para o filósofo alemão, a conservação é consequência do empenho das forças orgânicas na busca pelo aumento da potência. Assim, "o vencedor do conflito persiste". Já a "seleção natural", no entender de Darwin, segundo Frezzatti[163], ocorre quando as características mais vantajosas são selecionadas e transmitidas aos descendentes, permitindo que eles sobrevivam na luta pela vida. Para Nietzsche, são transmitidas aos descendentes as características mais frequentes, e não as mais vantajosas. E as formas mais complexas e mais elevadas de uma espécie ficam fragilizadas e sucumbem diante da superioridade numérica de outras formas. Em seu entender, em Darwin o progresso evolutivo é uma ideologia[164].

> No que toca à célebre "luta pela vida", até agora me parece apenas afirmada e não provada. Ela acontece, mas como exceção; o aspecto geral da vida *não* é a necessidade, a fome, mas antes a riqueza, a exuberância, até mesmo a absurdo esbanjamento — quando se luta, luta-se pelo poder... Não se deve confundir Malthus com a natureza. — Mas, supondo que haja essa luta — e, de fato ela ocorre —, infelizmente ela resulta no contrário do que deseja a escola de Darwin, do que talvez se *poderia* desejar juntamente com ela: ou seja, em detrimento dos fortes, dos privilegiados, das felizes exceções.[165]

---

162. NIETZSCHE, F. W. *Crepúsculo dos ídolos*. Op. Cit. p. 71-72.

163. FREZZATTI JÚNIOR, Wilson Antonio. *Nietzsche Contra Darwin*. Op. Cit. p. 107.

164. Ibidem, p. 107.

165. NIETZSCHE, F. W. *Crepúsculo dos ídolos*. Op. Cit. p. 71-21.

Quanto ao desenvolvimento moral, propriamente, embora Darwin não defenda uma estrutura física ideal a ser atingida pelos organismos, o mesmo não ocorre quanto à evolução moral. Darwin entende o valor da compaixão como fator de conservação das espécies. Para Nietzsche, este é um sintoma de fraqueza, assim como o é a concepção de uma raça pura que domina todas as outras para conservar-se.

> Os ideais de uma raça pura ou de uma raça superior que deva dominar todas as outras, assim como a ideia de uma meta suprema da humanidade ou progresso, estratégias de conservação de tipos de decadentes. [...] a conservação transformada em ideal ou objetivo supremo da humanidade: são protestos contra uma natureza fundamentada na persistência da vida diante da escassez de recursos e contra um processo que seleciona características imperceptíveis que favorecem essa luta pela vida. As teorias do naturalista inglês, incorporadas não só pela ciência, mas também pela filosofia, realçaram ainda mais o processo que o filósofo alemão apontava na Europa de sua época: a decadência. [...] O darwinismo, por postular a luta pela sobrevivência, serve àqueles que, por não conseguirem superar sua própria situação, inventam conceitos transcendentes, ou seja, o "nada".[166]

A luta, refletida nas criações culturais, é foco da genealogia nietzschiana. Analisando a história da cultura, Nietzsche a entende como campo de forças instáveis, onde a luta se dá entre forças mais fortes, que vencem, e mais fracas que se submetem. As forças fortes determinam as novas configurações culturais que são, elas mesmas, novos campos de força instáveis. Ocorre que, na luta, a força forte que vence, embora tenha vencido, é enfraquecida pela resistência da força vencida. Assim, os campos de força instáveis, que são

---

166. FREZZATTI JÚNIOR, Wilson Antonio. *Nietzsche Contra Darwin*. Op. Cit., p. 207-208.

manifestações culturais, se aproximam, alguns mais e outros menos, da efetivação plena da vontade de potência em sua máxima força.

Eis, o fundamento da crítica nietzschiana à cultura. Para Nietzsche bom é aquilo que é manifestação da vontade de potência plena; e mau é aquilo que é expressão de uma vontade de potência enfraquecida, que é conservação, mera permanência na existência e não plenitude, ou seja, decadência. Tal abordagem também é aplicada por Nietzsche ao caso específico da ciência moderna.

2.2 A Crítica Nietzschiana às Ciências

De modo geral, o pensamento nietzschiano se constitui como crítica à cultura. Nesse sentido, Nietzsche foi um homem de seu tempo, embora contra seu tempo[167]. A ciência é um dos temas abordados pelo filósofo. A temática perpassa toda a sua obra, a partir de *O Nascimento da Tragédia* (1871), e é aprofundada em sua instigante *A Gaia Ciência* (1882).

Em *O Nascimento da Tragédia,* Sócrates já aparece como o representante do tipo humano que não suportando a vida como ela é — caótica, sem significados fixos e imprevisível — , busca conforto em ilusões metafísicas. Acreditando que pelo pensamento é possível chegar a verdades absolutas, o homem do tipo socrático é o homem-teórico, aquele que combinando ideias concebe um mundo idealizado, previsível e imutável. Por influência de Sócrates, a razão ocidental tornou-se critério para avaliação do mundo e construção do conhecimento, instrumento que permite identificar a causa primeira dos fenômenos, permitindo a elaboração de postulados universais e teorias. Ordenando o mundo a partir da racionalização, o homem-

---

167 Como escreveu MARTON, Scarlett. *Nietzsche: das forças cósmicas aos valores humanos.* Op. Cit.

teórico acaba por criar, em parte, o que imagina. Porém, o conhecimento humano nunca envolve toda a totalidade e, por isto, nunca alcança a perfeição idealizada do mundo.[168]

Em *A Gaia Ciência,* Nietzsche insiste que a busca pelo conhecimento por meio da razão é resultado do medo do desconhecido que envolve o homem do tipo socrático. Este, porém, frequentemente entende como sendo verdadeiro aquilo que lhe é conhecido, familiar.

> Eis um filósofo que deu o mundo por "conhecido", tendo-o remetido à "ideia": não seria porque a "ideia" lhe era tão familiar, tão habitual? Porque ele já a receava tão pouco? — Oh, que fácil satisfação a do homem do conhecimento! Examine-se, quanto a isso, os seus princípios e soluções para os enigmas do mundo! Quando reencontram nas coisas, sob as coisas, por trás delas, algo que infelizmente nos é bem conhecido ou familiar, como a nossa tabuada, a nossa lógica, ou nosso querer e desejar, como ficam imediatamente felizes![169]

Para Nietzsche, a relação entre o idealizado e o mundo objetivo tem a linguagem como seu intermediário. Desde *Verdade e Mentira no Sentido Extra Moral* (1873) a linguagem é entendida como uma convenção, um *constructo* que não permite alcançar totalidades e gera enganos sobre enganos. No seu famoso aforismo de 1873, lemos:

> O que é a verdade, portanto? Um batalhão móvel de metáforas, metonímias, antropomorfismos, enfim, uma soma de relações humanas, que foram enfatizadas poética e retoricamente, transpostas, enfeitadas, e que, após longo uso, parecem a um povo sólidas, canônicas e obrigatórias: as

---

168. NIETZSCHE, F. W. *O Nascimento da Tragédia: ou helenismo e pessimismo.* Tradução: J. Guinsburg. São Paulo: Companhia das Letras, 2007, p. 81.
169. NIETZSCHE, F. W. *A Gaia Ciência.* Tradução: Paulo César de Souza. São Paulo: Companhia das Letras, 2012, p. 224.

verdades são ilusões, das quais se esqueceu que o são, metáforas que se tornaram gastas e sem força sensível, moedas que perderam sua efígie e agora só entram em consideração como metal, não mais como moedas.[170]

Assim, as concepções de causa e efeito são tentativas de colocar ordem no caos, atribuindo justificação e significado ao que, originariamente, não os tem. Dito de outra forma, o princípio de causa e efeito é uma construção humana que, por meio da linguagem, constitui ilusões, "verdades" fantasiosas, dissimulações, enganos. A ciência é o âmbito em que tais ilusões são justificadas, mantidas e aprofundadas, de modo a oferecer segurança, conforto estabilidade e permanência.

A ciência promove o desprezo pelo desconhecido, ao validar as construções intelectuais que entram em sintonia com os padrões de suas "verdades" historicamente construídas. Nietzsche, sem desprezar a utilidade prática das ciências, propõe uma nova forma de conhecimento, uma ciência que tome perspectivas críticas como princípio, que seja mais humana e mais próxima da arte, menos mecânica e não mais preocupada em definir verdades absolutas. Ela deve partir de novos pontos de vista para promover a criação de novos valores.[171]

Tudo o que os homens consideram como sua "condição de existência"[172] deve ser investigado quanto às suas origens e desenvolvimento, ao longo do tempo histórico, das paixões humanas, dos impulsos, das motivações, de tudo aquilo que está na base das valorações e do clima moral característico de cada época, envolvendo

---

170. NIETZSCHE, F. W. *Obras Incompletas*. Col. Os Pensadores. São Paulo: Abril Cultural, 1983, p. 57.
171. NIETZSCHE, F. W. *A Gaia Ciência*. Op. Cit. p. 224.
172. Ibidem, p. 58.

diferentes indivíduos e diferentes povos.[173]

É preciso compreender: "Por que brilha aqui este sol de um juízo moral e medida de valor fundamental — e ali aquele outro?"[174]. Tal questão, remete àquilo que seria a fonte de tudo o que é necessário e normativo, devendo ser respondida para que se torne possível avaliar os significados que embasam os processos científicos, bem como os valores que a ciência promove.

Em pleno século XIX, e ainda hoje, em grande parte, os cientistas entendem que o mundo objetivo equivale ao que pode ser pensado pelo ser humano. A verdade é acessível aos homens por meio da experiência e da razão. Assim, interpretações justificáveis do mundo são aquelas que podem ser pesquisadas em processo de trabalho científico, "de tal modo que se possa contar, calcular, pesar, ver, pegar"[175]. Esta, no entanto, seria uma concepção ingênua.

Nietzsche afirma que "conhecido" é aquilo a que se está habituado. Em seu entender, a necessidade humana de conhecer estaria associada à necessidade de reencontrar o conhecido, ou à "vontade de, em meio a tudo o que é estranho, inabitual, duvidoso, descobrir algo que não mais nos inquieta". O júbilo daqueles que alcançam o conhecimento, portanto, é a satisfação por encontrar

---

173. "Eis algo que sempre me exigiu e continua exigindo um grande esforço: compreender que importa muito mais *como as coisas se chamam* do que aquilo que *são*. A reputação, o nome e a aparência, o peso e a medida habituais de uma coisa, o modo como é vista — quase sempre uma arbitrariedade e um erro em sua origem, jogados sobre as coisas como uma roupagem totalmente estranha à sua natureza e mesmo à sua pele – mediante a crença que as pessoas neles tiveram, incrementada de geração em geração, gradualmente se enraizaram e encravaram na coisa, por assim dizer, tornando-se o seu próprio corpo: a aparência inicial termina quase sempre por tornar-se essência e *atua* como essência! Que tolo acharia que basta apontar essa origem e esse nebuloso manto de ilusão por destruir o mundo tido por essencial, a chamada '*realidade*'? Somente enquanto criadores podemos destruir! - Mas não esqueçamos também isso: basta criar novos nomes, avaliações e probabilidades para, a longo prazo, criar novas 'coisas'." Cf. NIETZSCHE, F. W. *A Gaia Ciência*. Op. Cit. p. 90-91.
174. Ibidem, p. 58.
175. Ibidem, p. 250.

aquilo que é conhecido, ou "o júbilo do sentimento de segurança reconquistado". Assim, o instinto de medo do desconhecido seria o impulso básico que levaria à busca pelo conhecimento.[176]

O que conforta é o "familiar" e este é o "habitual", que também é o mais difícil de se conhecer profundamente, justamente por se estar acostumado à sua superfície[177]. Para conhecer além da aparência é preciso adotar um método. Este, por sua vez, parte da interioridade do pesquisador e se faz objeto da razão, que o reconhece como problema que lhe é alheio. As escolhas metodológicas, o ângulo de visão, encontram correspondência na imaginação daquele que escolhe, entre suas preferências, aquilo que é seu habitual e seu conhecido. Quando o homem do conhecimento acredita que

> [...] "isso agora está provado, com isso terminei", é geralmente o ancestral no sangue e instinto do erudito que aprova, do seu ângulo de visão, "o trabalho terminado" - a crença na prova é apenas um sintoma daquilo que há muito, numa cepa laboriosa, é visto como "um bom trabalho". [...] O talento para classificações, para tábuas de categorias, sempre revela algo; não se é impunemente o filho de seus pais.[178]

Assim, Nietzsche coloca em evidência a influência da cultura historicamente construída, e mais: a memória dos ancestrais, presente no "sangue" e nos "instintos", que se faz reconhecer, e da qual se teria dificuldades para desvencilhar-se. A exigência de vera-cidade e de certeza, princípios básicos do cientificismo positivista, é exigência por um apoio firme que, no entanto, implica associação com um conhecido, um habitual. Ora, no reencontro com o habitual, "a fundamentação da certeza" acaba por ser tratada com mais "ligeireza

---

176. Ibidem, p. 224.
177. Idem. Idem.
178. NIETZSCHE, F. W. *A Gaia Ciência*. Op. Cit. p. 216.

e descuido"[179]. A necessidade de apoio, de suporte, é ex-pressão de uma fraqueza, de uma baixa concentração de energias vitais, que poderiam ser direcionadas a um esforço maior de criação, sem as quais não se faz muito mais do que conservar convicções básicas, dos mais variados tipos.

> O fato é que de todos esses sistemas positivistas des-prendem-se os vapores de um certo abatimento pessimista, algo de cansaço, fatalismo, decepção, temor de nova decepção — ou então raiva ostensiva, mau humor, anarquismo indignado e o que mais houver de sintoma ou mascaradas do sentimento de fraqueza.[180]

Certo é que, nas ciências, meras convicções não bastam. Elas devem assumir a estatura de uma hipótese, um ponto de vista experimental que deve provar sua validade submetendo-se a expe-riências, mensuração, matematização, testagens e processos de aná-lise racional. Porém, para que aconteça o início do processo de investigação científica é preciso que haja uma convicção, pois "não existe ciência sem pressupostos".[181]

Ora, para que haja ciência, se deve assumir, primeiramente, que há uma verdade a ser identificada. Ao se aceitar que existe uma verdade a ser descoberta, também se aceita que o engano não é desejável, que enganar-se e enganar é "prejudicial, perigoso, fu-nesto"[182]. Tal convicção não seria possível se tanto a verdade quanto a inverdade, que são questões morais, se mostrassem continuamente úteis. A verdade científica é verdade útil, a qual só pode ser alcançada por meio do esforço de uma "vontade de verdade", ou de energias vitais empenhadas nesse objetivo.

---

179. Ibidem, 214.
180. Ibidem, p. 214.
181. Ibidem, p. 208.
182. Ibidem, p. 209.

Questionar a validade da ciência implica questionar os resultados do esforço da "vontade de verdade" e, por conseguinte, o porquê da verdade científica — que é uma questão moral quanto à natureza e à vida, que são, na abordagem naturalista, amorais. Quando se julga "isto está certo" e se conclui que "por isso tem que acontecer", se age como quem reconheceu o certo. A essência desse agir é moral e orientada no sentido de alcançar a verdade[183].

Assim, a fé na ciência denuncia a crença em um outro mundo, que não o natural e sim em uma dimensão sobrenatural, que remete a algo conhecido, familiar habitual, a uma metafísica ancestral.

> Não há dúvida, o homem veraz, no ousado e derradeiro sentido que a fé na ciência pressupõe, afirma *um outro mundo*, que não o da vida, da natureza e da história; e, na medida em que afirma esse "outro mundo" — não precisa então negar a sua contrapartida, este mundo, nosso mundo? ... Mas já terão compreendido aonde quero chegar, isto é que a nossa fé na ciência repousa ainda numa *crença metafísica* — que também nós, que hoje buscamos o conhecimento, nós ateus e antimetafísicos, ainda tiramos a nossa flama daquele fogo que uma fé milenar acendeu, aquela crença cristã, que era também de Platão, de que Deus é a verdade, de que a verdade é divina.[184]

O julgamento "isso está certo" implica reconhecimento de um conhecido, de um habitual, ou seja, de uma pré-história dos "impulsos, inclinações, aversões, experiências e inexperiências"[185]. O homem que sente algo como certo, sem nunca ter meditado sobre os motivos dessa certeza, é aquele que acolhe cegamente o que lhe foi ensinado, desde seus primeiros dias de vida, e que toma o que aprendeu como condição necessária de sua existência. Assim agem os homens do

---

183. Ibidem, p. 197.
184. Ibidem, p. 210.
185. Ibidem, p. 197.

conhecimento científico.

Nietzsche, porém, pensa a condição humana a partir da noção de totalidade, sendo a humanidade vista como produto de relações de forças. Cada indivíduo é uma configuração específica de forças que se relaciona com outros indivíduos e seres, contribuindo em uma "economia de conservação da espécie" humana. As relações de forças não podem ser caracterizadas como boas ou ruins, pois a natureza é amoral.[186]

O pensamento humano, ordenado racionalmente, é construtor de conhecimento que identifica e reflete a verdade do mundo, ou o "mundo da razão". Porém, a única verdade reconhecível é aquela que se identifica com o habitual, com o semelhante, com o familiar, ou com "aquele no qual se pode pesquisar e continuar trabalhando cientificamente" a partir de concepções materialistas e mecanicistas, ou "uma tal que admite contar, calcular, pesar, ver, pegar e não mais que isso", sendo ela rude e ingênua, pronta a ignorar o "caráter polissêmico" do mundo.[187]

> Mas um mundo essencialmente mecânico seria um mundo essencialmente desprovido de sentido! Suponha-se que o valor de uma música fosse apreciado de acordo com o quanto dela se pudesse contar, calcular, pôr em fórmulas — como parece absurda tal avaliação "científica" da música! O que seria dela apreendido? Nada, exatamente nada daquilo que nela é de fato "música"![188]

Assim, a interpretação científica do mundo, e das coisas do mundo, pode ser extremamente pobre de significados. Contra a abordagem científica, limitada e inadequada, Nietzsche opõe as mais amplas possibilidades de que seres humanos dispõem: além da razão,

---

186. Ibidem, p. 50-51.
187. Ibidem, p. 250.
188. Idem. Idem.

os estímulos captados pelo corpo humano.

> Não seria antes bem provável que justamente o que é mais superficial e exterior na existência, — o que ela tem de mais aparente, sua sensualização, sua pele — fosse a primeira coisa a se deixar apreender? Ou talvez a única coisa? [...] algo que digo para o ouvido e a consciência de nossos mecanicistas, que hoje gostam de misturar-se aos filósofos e absolutamente acham que a mecânica é a doutrina das leis primeiras e últimas, sobre as quais toda a existência deve estar construída, como sobre um andar térreo.[189]

Para superar o conhecimento e a moral erigidos sobre aparências, é preciso descobrir tudo o que é normativo e necessário no mundo físico, superando o apego ao habitual, pois todos os valores vigentes foram construídos com base na ignorância da Física. Cabe aos seguidores da razão examinar suas vivências de modo rigoroso. Os métodos das ciências naturais devem ser entendidos não como modos de se alcançar verdades absolutas, e sim como meios que permitem refletir sobre as relações humanas com as coisas e consigo mesmas.

> Ajustamos para nós um mundo em que podemos viver — supondo corpos, linhas, superfícies, causas e efeitos, movimento e repouso, forma e conteúdo: sem esses artigos de fé, ninguém suportaria viver hoje! Mas isso não significa que eles estejam provados. A vida não é argumento; entre as condições para a vida poderia estar o erro.[190]

Segundo nos lembra Nietzsche, a Modernidade esperava que a ciência levasse a compreender melhor a bondade e a sabedoria divina. Também se acreditava na sua utilidade moral, como provedora da felicidade dos homens. Além disso, também se acreditava em um

---

189. Idem. Idem.
190. Ibidem, p. 135.

conhecimento científico realmente inocente, desinteressado e que bastasse a si mesmo, desprovido de vinculações utilitárias.

A ciência — assim como a moral e a cultura em geral —, está atrelada a matrizes de valor que se transformam ao longo do processo histórico, no qual Nietzsche detecta momentos de esvaziamento da vontade devido à perda dos significados que dão sentido à existência, o niilismo.

2.3 Niilismo Como Processo

Em *Genealogia da Moral* (1887), Nietzsche explica que sua investigação sobre as origens da moral tem como foco a análise dos valores e, mais especificamente, do valor do não-egoísmo, ou dos "instintos de compaixão, abnegação, sacrifício". Neles, Nietzsche viu o que entendeu como sendo o maior perigo para a humanidade: a fraqueza da vontade, a vontade de nada, o cansaço da vida que levaria à morte, ou a moral da compaixão. Esta, "cada vez mais se alastrando, capturando e tornando doentes até mesmo os filósofos, como o mais inquietante sintoma dessa nossa inquietante cultura europeia; como o seu caminho sinuoso em direção a um — niilismo", ou o nada.[191]

O termo niilismo surgiu em 1801, no *Dicionário de Neologismos* de Louis- Sébastien Mercier (1740 – 1814), que o define como "aquele que não acredita em nada". Em 1885, Paul Bourget (1852 – 1935), romancista e crítico literário, o empregou para referir-se a uma certa "mortal fadiga de viver" que seria característica da sociedade europeia da época, detectada por ele nas obras de Gustave Flaubert (1821 – 1880) e de Edmond de Goncourt (1822 – 1896). Trata-se não de uma doutrina, mas sim de "uma maneira de estar no mundo", de um tipo de "pensamento radical negador, que para além

---

191. NIETZSCHE, F. W. *A Genealogia da Moral.* Op. Cit. p. 11.

da dúvida proclama a recusa total".[192]

Desde o século XIX o termo niilismo vem aparecendo associado a diferentes linhas de pensamento, como o idealismo[193] e o iluminismo oitocentista[194], pois não possui apenas uma forma. Ele pode ter caráter predominantemente de tédio, de destruição, de suicídio. O que sempre há de comum entre suas diferentes formas é a negação dos valores estabelecidos numa dada sociedade, em função de conflitos presentes no mundo objetivo.

Em *Crepúsculo dos Ídolos*, publicado originalmente em 1888, Nietzsche observa que o século XIX tomou o princípio de universal[195] como parâmetro de compreensão realista do mundo. O resultado foi "um suspirar niilista, um não-saber-para-onde, um instinto de cansaço" que, na prática, impele a uma retomada do ideal romântico vigente no século XVIII, o qual se manifesta como "forma de romantismo do sentimento", ou de "altruísmo e hipersentimentalidade", uma abordagem pautada pela emocionalidade negativa. Assim, em seu desfecho, o século XIX seria apenas um século XVIII reforçado e embrutecido. O século XVIII, então teria desembocado em cansaço e fraqueza cultural, verificável no século XIX, este o século niilista da compaixão cristã.

Sabemos que o pensador alemão pretende desenvolver sua filosofia fazendo uma análise profunda a respeito dos valores da tradição cristã. Por quê? Para ele, toda a raiz mesma da cultura cristã é niilista, ou seja, expressão de negatividade. Nela, a dor é enaltecida,

---

192. MARTON, Scarlett. *Nietzsche: a Trasvaloração dos Valores*. Op. Cit. p. 21.
193. Entendido como o termo que se refere às escolas e aos sistemas filosóficos que defendem ser as ideias a verdadeira realidade.
194. Movimento racionalista do século XVIII. Defendia a crença no poder da razão de reorganizar o mundo humano. Tinha como princípio a negação da autoridade religiosa e a criação de novas formas de pensar fundamentadas na ciência moderna.
195. Universal, universalismo: aqui entendido como referente a um tipo de abstração que leva a atribui as características de um objeto concreto a outros semelhantes.

o pecado exaltado, o autoaniquilamento é uma virtude. Na *Genealogia da Moral*[196], Nietzsche apresenta exemplos históricos dessa perspectiva niilista e mostra a gênese desse problema: a religião, a qual prioriza, enaltece e exalta o âmbito do transcendente ao invés da imanência, do que está no além e não no corpo físico ou no que é mais essencial, mais característico de cada ser.[197]

Segundo Araldi (1998), Nietzsche interessou-se pelo niilismo em consequência de suas leituras das obras dos russos Fiódor Dostoiévski (1821 – 1881) e Paul Bourget (1852 – 1935), realizadas a partir de 1877. Em seus romances, Dostoiévski retrata a crise cultural desencadeada pelo esvaziamento dos valores, até então considerados como "superiores", o consequente sentido de estranheza, o caos e os estados doentios que então se manifestavam na sociedade russa. Bourget tratava dessas mesmas disposições em meio aos anarquistas[198] russos.

Partindo da análise das caracterizações do niilismo, apresentadas nos escritos da maturidade de Nietzsche, Araldi (1998) mostra que o filósofo alemão entendeu que o niilismo tem caráter processual; que é um acontecimento que se repete na história; que tem uma origem e uma dinâmica. Nele é identificável "uma gênese, um transcurso e um acabamento".[199]

A origem é detectada na Antiguidade grega, mais especificamente na interpretação moral da existência e na desva-lorização da natureza, anunciadas por Sócrates, "em favor do suprassensível" e da "ideia de Bem". Com os judeus o ódio ganha espaço e se torna criador

---

196. NIETZSCHE, F. W. *A Genealogia da Moral*. Op. Cit. p. 13.

197. Imanência: referente ao que é interior, como propriedade essencial de uma substância ou objeto, ao contrário de transcendente, ou seja, aquilo que é exterior ao objeto.

198 Aqui entendido como ideologia política contrária a hierarquias e a qualquer tipo de dominação, seja econômica, social ou cultural, como as exercidas, por exemplo, pelo Estado, pelo sistema capitalista, pelas instituições religiosas.

199. ARALDI, Clademir Luís. *Para Uma Caracterização do Niilismo na Obra Tardia de Nietzsche*. In: Cadernos Nietzsche. São Paulo: USP, 1998, vol. 5. p. 90.

de valores, mas é com o cristianismo que "a história da moral assume o significado de movimento determinante na existência do homem ocidental". O "Deus moral transcendente", então "profere um juízo de condenação à existência, pondo já em movimento a lógica do niilismo".[200]

Sócrates é aquele que cede ao impulso de julgar o mundo a partir da inversão dos papéis do instinto e da consciência. Assim Nietzsche sintetiza a influência de Sócrates no pensamento posterior:

> Uma chave para o caráter de Sócrates se nos oferece naquele maravilhoso fenômeno que é designado como o *"daimon* de Sócrates". Em situações especiais, quando sua descomunal inteligência começa a vacilar, conseguia ele um firme apoio graças a uma voz divina que se manifestava em tais momentos. Essa voz, quando vem, sempre *dissuade*. A sabedoria instintiva mostra-se, nessa natureza tão inteiramente anormal, apenas para contrapor-se, aqui e ali, ao conhecer consciente, obstando-o. Enquanto, em todas as pessoas produtivas, o instinto é justamente a força afirmativa-criativa, e a consciência se conduz de maneira crítica e dissuadora, em Sócrates é o instinto que se converte em crítico, a consciência em criador — uma verdadeira monstruosidade *per defectum*! [201]

Normalmente, é esse o modo de pensar que, segundo Nietzsche, está no cerne do pensamento cristão, constituinte da base lógica de toda a cultura ocidental. Um pensar que se orienta pelos ditames de instintos que não se voltam contra si mesmos em autocrítica, que não passam pelo crivo de uma crítica abrangente, acolhedora de múltiplas perspectivas possíveis.

No entender de Nietzsche, somente na Modernidade[202] o ho-

---

200. Ibidem, p. 78.

201. NIETZSCHE, F. W. *O Nascimento da Tragédia. Op. Cit.,* p. 83.

202. Modernidade. Idade Moderna, período histórico que teve início com o fim da Idade Média, em 1453, quando ocorreu a tomada de Constantinopla pelos Turco Otomanos, e foi até 1789, ano de início da Revolução Francesa.

mem europeu viria a perceber os efeitos do autoengano proporcionado pela moralidade platônico-judaico-cristã. Em suas obras de juventude, Nietzsche demonstra ter sido tocado por essa problemática. Em *Considerações Extemporâneas* (1873), apresenta críticas à cultura de seu tempo, à educação burocratizada que visava atender aos interesses do Estado, à primitiva mídia impressa que então já privilegiava interesses financeiros, à ciência e suas desmedidas. O pensamento moderno então privilegiava a cultura europeia, desconsiderava a diversidade cultural do mudo, era parcial e prag-mático.[203]

Mais tarde, em *A Genealogia da Moral* (1877), logo na *Primeira Dissertação*, Nietzsche assume posição radical e convoca para o estudo da História da Moral por meio do método genealógico, ou seja, pela busca das origens e transformações pelas quais passaram os conceitos. A investigação acerca do niilismo, então se evidencia como busca por uma chave de compreensão para toda a História do Ocidente, o que não pode prescindir do estudo das origens e das transformações pelas quais passaram as palavras e os significados a elas atribuídos.

> A indicação do caminho certo me foi dada pela seguinte questão: que significam exatamente do ponto de vista etimológico, as designações para "bom" cunhadas pelas diversas línguas? Descobri então que todas elas remetem à mesma *transformação conceitual* — que, em toda parte, "nobre", "aristocrático", no sentido social, é o conceito básico a partir do qual necessariamente se desenvolveu "bom", no sentido de "espiritualmente nobre", "aristocrático", de "espiritualmente bem-nascido", "espiritualmente privilegiado": um desenvolvimento que sempre corre paralelo àquele outro que faz "plebeu", "comum", "baixo" transmutar-se finalmente em "ruim". [204]

203. Cf. DIAS, Rosa MARIA. *Nietzsche: educador da humanidade*. São Paulo: Scipione, 2003.
204. NIETZSCHE, F. W. *A Genealogia da Moral*. Op. Cit., p. 18.

"Ruim", a princípio, não carregava a conotação negativa que se passou a lhe atribuir. Originalmente este termo tinha o significado de o "simples", o "comum, mas sem significado depreciativo". A mudança dos significados atribuídos às palavras, verificável ao longo do tempo histórico, permite identificar a influência que a moral cristã exerceu sobre a cultura. Aquele modo de pensar — marcado pela inversão dos papéis dos instintos e da consciência crítica, identificada em Sócrates —, disseminou-se pelo cristianismo e pela cultura ocidetal. É preciso desmascará-lo. Para tanto, é preciso realizar uma genealogia da moral, embora esta seja indissociável do niilismo.

Tomando como parâmetro privilegiado a vida e a expansão de sua potência de viver, Nietzsche esclarece o que é bom e forte, mau e ruim, no seu entender. Bom é expressão de força que favorece a vida e a expansão da potência de viver, que provém do forte, do nobre, do aristocrata; mau é aquilo que desfavorece, enfraquece a vida, que provém do fraco, do *décadente*. Na moral cristã estes significados foram invertidos ao longo da história. Bom e forte tornou-se aquele que adere à compaixão, o que no entender de Nietzsche enfraquece a vida; mau tornou-se aquele que ignora a compaixão, o que no entender do filósofo alemão favorece a vida. Para Nietzsche, ao associar os significados de "nobre" e de "aristocrático" ao que é ruim, a moral cristã visa enfraquecer o forte. Assim, ela acaba por enfraquecer toda a civilização ocidental.[205]

Nietzsche verifica que a moral tem caráter dúbio. Ao mesmo tempo em que enfraquece os homens valoriza a concepção de veracidade. A valorização do verdadeiro é o parâmetro norteador da construção do conhecimento. Pelo constante empenho em orientar-se pela busca da verdade, o homem acaba por depara-se com a falsi-

---

205. Idem. Idem.

dade que está na base da moral. É este processo marcado pelo autoengano, identificação da falsidade, crise cultural por consequência do vazio de significados e desvalorização dos valores, que culmina com o esvaziamento da vontade de vida, com o nada, que Nietzsche reconhece como o processo niilista, verificável em vários momentos históricos.

> O homem frequentemente está farto, há verdadeiras epidemias desse estar-farto (como por volta de 1348[206], no tempo da dança da morte): mas mesmo esse nojo, essa fadiga, esse fastio de si mesmo — tudo isso irrompe tão poderosamente nele, que se torna imediatamente um novo grilhão. O Não que ele diz à vida traz à luz, como por mágica, uma profusão de Sins mais delicados; sim, quando ele se fere, esse mestre da destruição, da autodestruição [...].[207]

Além das danças macabras do século XIV, outros exemplos são o alcoolismo tão presente na Idade Média, o pessimismo que se apoderou dos parisienses nos anos de 1830 com a epidemia de cólera e as miseráveis condições de vida, a depressão que se impôs na Alemanha, na segunda metade do século XVII, após a Guerra dos Trintas Anos. São momentos em que os valores religiosos não ofereciam respostas suficientes que explicassem o mal-estar que se impunha, não mantinham a salvo do desespero reinante diante do caos e da desesperança que envolviam a realidade dos dias. O homem enfraquecido, esvaziado de valores, o niilista, então se voltava contra a própria vida.[208]

O niilismo, enquanto processo, se compõe de diferentes fases.

206 Nietzsche se refere aos efeitos da peste negra, que naquele ano fazia um grande número de vítimas. Para saber mais: SCHMITT, Juliana. *O Estudo das Danças Macabras Medievais:* entre o visível, o oculto e o destruído. In: Revista ARA. São Paulo: FAU/USP, 2017, n. 3.
207. NIETZSCHE, F. W. *A Genealogia da Moral.* Op. Cit., p. 102.
208. Cf. ARALDI, Clademir Luís. *Para Uma Caracterização do Niilismo na Obra Tardia de Nietzsche.* In: Cadernos Nietzsche. São Paulo: USP, 1998, vol. 5.

Em suas primeiras manifestações, o ressentimento do homem fraco, volta-se contra a vitalidade do homem forte, como o faz os sacerdotes contra os nobres. O ressentido nega os valores aristocráticos, fazendo triunfar a moral dos fracos, a moral platônica-judaica-cristã, pois embora forte o nobre acaba vencido por aqueles que lhe são numericamente superiores, os fracos. A partir desse triunfo, ocorre a degeneração da humanidade.

A valorização do que pode ser considerado como verdadeiro, apesar de corresponder à moralidade enfraquecedora dos instintos, paradoxalmente, também é manifestação da vontade de viver que teima em se expandir em meio à falsidade da moral. Por meio do questionamento radical, o homem descobre a mentira da religião e promove a desvalorização dos valores religiosos norteadores da cultura. Neste momento, o homem também se esvazia, pois não encontrando critérios aos quais se apegar debate-se entre o nada e as novas possibilidades criativas.[209]

O nada, o niilismo, revela-se, portanto como condição de possibilidade da criação de novos valores. Só a partir da radicalização do niilismo surge a possibilidade de criação do novo. É nesse sentido que Nietzsche afirma que só negando seus objetos de veneração o homem pode deixar de cair no niilismo. No século XIX, frente à aplicação prática das ciências e das técnicas, e de seus resultados, o "Deus cristão" deixa de ser referência primeira, o ponto de partida para as interpretações que direcionam o pensamento e o comportamento na realidade objetiva. Por outro lado, Nietzsche percebia a continuidade da adesão à fé cristã.[210]

Na velha Europa de hoje, parece-me que a maioria das

---

209. NIETZSCHE, F. W. *A Gaia Ciência*. Op. Cit., p. 210.
210. Cf. NIETZSCHE, F. W. *A Genealogia da Moral*. Op. Cit.

> pessoas ainda necessita do cristianismo: por isso ele continua a ser alvo de crença. Pois assim é o homem: um artigo de fé poderia lhe ser refutado mil vezes — desde que tivesse necessidade dele, sempre voltaria a tê-lo por "verdadeiro".[211]

Aquele que se desvencilha do sistema de valores platônico-judaico-cristãos, a princípio, se torna frio, amargo e endurecido diante da percepção de que não há nada de divino no mundo, de que a natureza não é ordenada e controlada racionalmente. Ela nem mesmo é misericordiosa ou justa com os viventes, de acordo com os parâmetros humanos. Porém, o homem é um "animal venerador", embora desconfiado, propenso a se iludir com interpretações fantasiosas, mentirosas e falsas, assim criando ídolos aos quais possa venerar e neles empenhar toda a sua fé. Ao ver-se liberto de um sistema de valores, passa a construir outro, pois "o fato de o mundo não valer o que acreditávamos é a coisa mais segura de que a nossa confiança enfim se apoderou".[212]

Quando liberto do instinto de compaixão, o homem está livre das forças que o enfraquecem, mas torna-se um ser vazio, apático e fraco. Assim, "despede-se de toda crença, todo desejo de certeza"[213]. Com o esvaziamento de valores, em meio ao niilismo, a necessidade de mudança de paradigmas não é evidente e nem é plenamente aceita, não se encontra plenamente estabelecida, nada constrói de autêntico ou realmente inovador. Não há ruptura, antigos padrões de pensamento giram em torno de si mesmo, embora agora com novas aparências.

Martin Heidegger discorre sobre como Nietzsche entendeu o niilismo, enquanto oportunidade que se abre para a destruição e para

---

211. NIETZSCHE, F. W. *A Gaia Ciência*. Op. Cit., p. 214.
212. Ibidem, p. 213.
213. Ibidem, p. 215.

a construção de novos valores.[214]

> Nietzsche emprega a palavra "niilismo" como o nome para o movimento histórico por ele reconhecido pela primeira vez que já transpassava de maneira determinante os séculos precedentes e que determina o seu próximo século, um movimento cuja interpretação essencial ele concentra na sentença resumida: "Deus está morto." Essa sentença quer dizer: o "Deus cristão" perdeu o seu poder sobre o ente[215] e sobre a definição do homem. O "Deus cristão" é ao mesmo tempo a representação diretriz para o "suprassensível" em geral e para as suas diversas interpretações, para os ideais e para as normas, para os "princípios" e as "regras", para as "finalidades" e os "valores" que são erigidos "*sobre*" o ente a fim de "dar" ao ente na totalidade uma meta, uma ordem e – como se diz de maneira sucinta – um "sentido". [216]

O autor se concentra na tendência à negação de Deus frente à aplicação prática da razão às ciências e às técnicas, percebida no século XIX, e seus resultados, e concorda que o "Deus cristão" deixa de ser referência primeira, o ponto de partida para as interpretações que direcionam o pensamento e o comportamento. Nesta falta, se estabelece um vazio de referências e, por consequência, um vazio de valores. Porém, esse é um processo histórico. A destruição dos valores até então estabelecidos deixa em aberto, inicialmente, a possibilidade de criação de novos valores. E Heidegger continua referindo-se à fase final do niilismo:

> Pode ser que ainda se acredite nesse Deus e que ainda tomemos seu mundo como "real", "eficaz" e "normativo".

---

214. Cf. HEIDEGGER, Martin. *Nietzsche*. Rio de Janeiro: Forense Universitária, 2007, vol. II.

215. Heidegger diferencia "ser" e "ente". Em *Ser e Tempo* (1927), investiga as condições de possibilidade da indagação acerca do ser do ente. Introduz o conceito de *Dasein*, que é o ente – que somos nós – único a possibilitar a ontologia fundamental. Para maiores informações, consultar: HEIDEGGER, Martin. *Ser e Tempo*. São Paulo: Vozes, 2014.

216. HEIDEGGER, Martin. *Nietzsche*. Op. Cit. p. 22.

> Isto é similar àquele processo por meio do qual o brilho de uma estrela que se apagou a milênios continua reluzindo, mas permanece, contudo, uma mera "aparência" com sua refulgência. [...] Os bastidores do teatro do mundo ainda podem permanecer por algum tempo os antigos: o jogo que se transcorre já é um outro. O fato de desaparecerem, nesse caso, as metas até aqui e de os valores até aqui se desvalorizarem não é mais experimentado como uma mera aniquilação e deplorado como uma falha e uma perda. Ao contrário, ele é saudado como uma libertação, fomentado como um ganho definitivo e reconhecido como consumação.[217]

Porém, no desenrolar do "jogo", se perde de vista que "os bastidores do teatro do mundo" continuam em funcionamento, ou seja, as antigas estruturas epistemológicas de pensamento subsistem, embora enfraquecidas diante da predominância do pensamento científico de base empírico-racionalista.

Nietzsche faz alusão a quatro diferentes momentos do niilismo, sendo: niilismo incompleto, niilismo completo, niilismo ativo e niilismo inativo.

No século XIX, o niilismo incompleto é aquele em que se nota a tentativa de preencher o vazio em decorrência da morte de Deus. Neste momento se busca algo que o substitua. Em outras palavras, há uma tentativa de superar o niilismo, porém sem que haja a destruição de antigos valores e a construção de novos. Persiste o ideal de veneração de um ser suprassensível, que seja o princípio ordenador do mundo.[218]

No niilismo completo o homem se torna consciente de si mesmo e da sua nova situação em um mundo em que a ideia de Deus é falsa e perdeu seu significado. No entanto, ainda não ocorreu a criação de valores afirmativos da vida, ainda predomina a vontade de

---

217.HEIDEGGER, Martin. *Nietzsche*. Op. Cit. p. 22-23.
218. Cf. ARALDI, Clademir Luís. *Para Uma Caracterização do Niilismo na Obra Tardia de Nietzsche*. Op. Cit.

nada. O niilista completo, que se encontra resignado, conformado à sua situação, somente idealiza o mundo a partir da sua própria fraqueza. Este também é o niilista passivo. O niilista ativo, por sua vez, é o homem inquieto, revoltado, no qual predomina a vontade de destruir.

Ao analisar a história do niilismo europeu, Nietzsche detectou quatro períodos: 1) o período de obscuridade, caracterizada pela tentativa de conservar os antigos valores; 2) o período de claridade, no qual ocorre a confronto entre os antigos e os novos valores: 3) o período dos três grandes afetos, sendo eles o desprezo, a compaixão e a destruição; 4) o período da catástrofe, que tem como característica principal o surgimento de uma doutrina que seleciona os homens, impelindo-os todos, fortes e fracos, a uma decisão.[219]

Entendendo o homem como um "animal venerador", que não pode viver sem princípios, certezas e finalidades, Nietzsche, então lhe oferece alternativas: a vida como ela é como princípio; e a constante substituição de valores contrários à vida por valores que a favoreçam, de acordo com as situações que se apresentem a cada momento. Estes os princípios da transvaloração.[220]

2.4 Transvaloração e o Além-do-Homem

Nietzsche apresenta a expressão "transvaloração de todos os valores" em *Assim Falou Zaratustra* (1884). Trata-se de um empreendimento ao mesmo tempo destruidor e criador, e de atividade próxima a dos legisladores. Na seção denominada *Dos Mil e Um Alvos,* Nietzsche a associa à outra concepção de civilização, propondo que se encare o homem de outra maneira.

Até agora foi o homem, concebido como criatura em relação a

---

219. Idem. Idem.
220. Cf. NIETZSCHE, F. W. *A Gaia Ciência.* Op. Cit.

um Criador que avaliou e, como fruto de sua avaliação, desvaloriza a Terra, deprecia a vida terrana, despreza o corpo físico. É preciso combater esse modo de entender a existência, atribuindo novos significados a todas as coisas, fazendo surgir novos valores.[221]

Na seção intitulada *Os Desprezadores do Corpo*, Nietzsche ataca a oposição entre corpo e alma e, por essa via, combate a ideia de um "eu" que é sujeito imutável. O desprezo que se tem pelo corpo, decorre do apreço desmedido que se nutre pela alma. Consequência do modo de pensar platônico-judaico-cristão, que acredita que a alma irá se perpetuar num mundo sobrenatural, enquanto o corpo está destinado ao desaparecimento. Porém, se outrora o maior delito era o cometido contra Deus, para Nietzsche mais sacrílego ainda é delinquir contra o que é terreno, pois demonstra descaso pelo corpo desprezado e doentio, e torna evidente as limitações da alma pequena, que não atenta para suas necessidades naturais.

Em *Dos Mil e Um Alvos,* o filósofo mostra que os valores são humanos, demasiadamente humanos e lhes atribui uma origem e uma história. É preciso destruir o solo a partir do qual, até então, eles haviam se estabelecido. Combatendo o dualismo do mundo, é possível fazer desmoronar a interpretação imposta pelo pensamento metafísico e pela religião cristã. Essa é uma tarefa do indivíduo que antes se liberta para depois tornar-se Criador.

Em *Das Três Metamorfoses*, Zaratustra discorre sobre as transformações necessárias ao espírito que busca superar sua condição. Submetendo-se ao que lhe ensinaram ser superior, obedecendo aos valores estabelecidos, suportando a vida como um fardo pesado, o espírito torna-se "camelo".

---

221. NIETZSCHE, F. W. *Assim Falava Zaratustra*. Tradução: Paulo César de Souza. São Paulo: Companhia das Letras, 2018, p. 26.

> Há muitas coisas pesadas para o espírito, para o forte,
> resistente espírito em que habita a reverência: sua força
> requer o pesado, o mais pesado. [...] Todas essas coisas mais
> que pesadas o espírito resistente toma sobre si: semelhante
> ao camelo que ruma carregado para o deserto, assim ruma
> ele para o deserto.[222]

Mas, é na solidão do deserto que surge no camelo o anseio por libertar-se e ser o senhor de si mesmo. Tal desejo é ponto de partida de sua transformação no leão, que assume como tarefa rebelar-se contra as diferentes formas de dominação, lutando contra o "grande dragão" que se chama "tu deves", e a ele opondo o "eu quero". Enquanto espírito livre, o leão revolta-se contra todo tipo de autoridade. Sua capacidade de desprezar o torna condição de possibilidade da transvaloração de todos os valores.

> Mas no mais solitário deserto acontece a segunda
> metamorfose: o espírito se torna leão, quer capturar a liber-
> dade e ser leão em seu próprio deserto. [...] Meus irmãos,
> para que é necessário o leão no espírito? Por que não basta o
> animal de carga, que renuncia e é reverente? Criar novos
> valores — tampouco o leão pode fazer isso; mas criar a
> liberdade para nova criação — isso está no poder do leão. [223]

O leão é aquele que estabelece as condições de possibilidade da criação, porém não cabe a ele exercer a criação. Isso só é possível à inocência da criança que diz "sim" à vida.

> A inocência é a criança, e esquecimento; um novo começo,
> um jogo, uma roda a girar por si mesma, um primeiro
> movimento, um sagrado dizer-sim.
> Sim para o jogo da criação, meus irmão, é preciso um
> sagrado dizer-sim: o espírito quer agora sua vontade, o

---

222. Ibidem, p. 25.
223. Ibidem, p. 25-26.

perdido para o mundo conquista seu mundo.[224]

O esquecimento implica a eliminação da culpa, que associa erro e castigo. Então, torna-se possível conceber a vida e o mundo de outra maneira, criar novos valores sobre novas bases, tornando-se possível um novo começo.

Transvalorar é a alternativa proposta por Nietzsche, que implica entrar em um movimento permanente, sempre afirmando e reafirmando o valor da vida e da expansão da potência de viver a partir de diferentes pontos de vista. É o indivíduo tomando consciência de seu papel na grande "comédia da existência", aprendendo a libertar-se do que enfraquece seu impulso para a superação de si. É processo contínuo e individual de desvincular-se dos valores enfraquecedores, ultrapassar a fase niilista de ausência de valores e de vontade de vida, iniciar uma nova construção de significados afirmativos da existência que, em dado momento, se tornarão inadequados acena-rão para a oportunidade de recomeçar o processo. Este é o caminho a ser trilhado pelo além-do-homem.

Zaratustra, além de ser o anunciador do projeto de transvaloração de todos os valores também é o personagem que anuncia o além-do-homem (ou super-homem). Na quarta seção do prefácio de *Assim Falava Zaratustra*, o personagem declara:

> Amo todos aqueles que são como gotas pesadas caindo uma a uma da negra nuvem que paira sobre os homens: eles anunciam a chegada do raio, e como arautos perecem.
> Vede, eu sou um arauto do raio e uma pesada gota de nuvem: mas esse raio se chama além-do-homem.[225]

Tendo percebido a desvalorização do *ethos* cristão em uma

---

224. Ibidem, p. 26.
225. Ibidem, p. 16.

sociedade que passava a apostar na razão e no conhecimento científico como solução para seus problemas, Nietzsche fez de seu personagem Zaratustra aquele que percebe a oportunidade aberta à criação de novos significados e novos valores e que, ao falar para o povo reunido na praça do mercado, assim se pronuncia:

> Eu vos anuncio o além-do-homem. O homem é algo que deve ser superado. O que fizeste para superá-lo? Todos os seres, até hoje, criaram algo que ia além de si mesmos: e vós, ao contrário, quereis ser o refluxo dessa grande vaga, e voltar a ser animais em vez de superar o homem?[226]

E superar o homem, no entender de Nietzsche, também implica manter-se fiel às leis da Terra, ou seja, da natureza. Diz Zaratustra: "Seja o além-do-homem o sentido da Terra. Eu vos implo-ro, irmãos, permaneceis fiéis a Terra e não acrediteis em quem vos fala em esperanças supraterrenas! São envenenadores, saibam eles ou não."[227]

O *Übermensche*, ou além-do-homem, é definido como "um tipo do mais alto feitio, em oposição aos 'homens modernos', aos homens bons, aos cristãos ou outros niilistas"[228]. Fazer a travessia do niilismo implica aceitar a vida como ela é, inclusive tudo o que ela comporta de execrável e informe. Esse é o grande desafio que Zaratustra terá de enfrentar, pois o além-do-homem também é indissociável da plena aceitação da vida, ou o *amor fati*, o amor ao fato ou à vida como ela é.

Nas palavras de Nietzsche[229]: "Minha fórmula para a grandeza do homem é *amor fati*: nada querer diferente, seja para trás, seja

---

226. Ibidem, p. 13.

227. Ibidem, p. 25-26.

228. NIETZSCHE, F. W. *Ecce Homo*. Op. Cit., p. 72.

229. Ibidem, p. 49.

para frente, seja em toda eternidade. Não apenas suportar o necessário, menos ainda ocultá-lo [...] mas amá-lo". O além-do-homem sente a história da humanidade como a sua própria história, não ignora

> [...] numa colossal generalização, toda a mágoa do doente que pensa na saúde, do ancião que lembra o sonho da juventude, do amante a quem roubaram a amada, do mártir cujo ideal foi destruído, do herói após a batalha que nada decidiu e lhe causou ferimentos e a morte do amigo". Porém, ele é aquele que pode "carregar essa enorme soma de mágoas de toda espécie e ainda ser o herói que, no romper do segundo dia de batalha, saúda a aurora e a sua fortuna, como o ser que tem um horizonte de milênios à sua frente e atrás de si.[230]

Assim, Nietzsche propõe um tipo mais forte de homem, que abraça a vida, que percebe nas contrariedades cotidianas oportunidades para elevar-se, tornando-se ainda mais apto, ainda mais forte ao substituir significados e sentimentos que o enfraquecem por aqueles que o fortalecem. Não se trata daquele que vence a morte (como pretende o transumanismo) e sim daquele que, continuamente, aprende e reaprende a viver melhor, superando todos os obstáculos.

Já ciente das polêmicas presentes em sua época (e adiantando as futuras) em torno da compreensão do conceito de além-do-homem, em *Ecce Homo* o próprio Nietzsche esclarece sua posição:

> [...] em quase todos os lugares foi entendido, com uma inocência completa, no sentido daqueles valores cuja antítese foi trazida à luz na figura de Zaratustra, quero dizer, como tipo "idealista" de uma espécie mais elevada de homem [...] Aquele ao qual sussurrei ao ouvido ser preferível tentar encontrar um César Bórgia a um Parsifal, não confiou em seus ouvidos [...].[231]

---

230. NIETZSCHE, F. W. *A Gaia Ciência*. Op. Cit. p. 201.
231. NIETZSCHE, F. W. *Ecce Homo*. Op. Cit. p. 52.

O termo "idealista" em Nietzsche (com aspas do próprio filósofo) tem o significado de uma utopia no horizonte, refere-se a um modelo de homem que destrói e cria novos valores continuamente. Trata-se de um modelo que não é mecânico e sim mais humano, herdeiro da tradição cultural da humanidade, de sua odisseia histórica e, ao mesmo tempo, pronto a renová-la pela constante criação de novos sentidos.

A predileção de Nietzsche por César Bórgia, como representante desse modelo, se explica. Trata-se de um homem que desenvolveu a capacidade de viver de acordo com a vida como ela é, mantendo-se forte e ativo, mesmo diante das circunstâncias mais difíceis, não se acomodando ao niilismo, mas tomando-o como ponto de partida para criar seus próprios valores.

É característica do além-do-homem pleno e da bondade que dele transborda por força de sua própria constituição natural. Ele é o sol que, ao anoitecer, derrama no mar sua "inesgotável riqueza" e que com tanta afirmatividade em si almeja tê-la também ao seu redor, percebendo-a em tudo o que o rodeia. Não contente em alcançar o cume das montanhas, deseja, também, ver o mundo iluminado pelo seu esclarecimento em processo renovado contínuo e permanentemente. A crueldade que promove a aniquilação e a morte não lhe cabem, pois ele é vida plena que gera vida.

Por consequência de sua própria natureza e das transmutações ocorridas em seu espírito, o além-do-homem é o indivíduo que pode construir uma nova ciência, uma nova humanidade, uma nova vida em sociedade.[232]

Nietzsche proclama o além-do-homem como o grande "argonauta do ideal", o ser humano corajoso beirando a imprudência,

---

232. NIETZSCHE, F. W. *A Gaia Ciência*. Op. Cit. p. 201.

insaciável, frequentemente incompreendido e próximo ao inumano, impactado pela luta, mas, ainda assim, saudável, pois livre da moral não tem seus instintos controlados e vive plenamente.[233]

233. Ibidem, p. 259.

PARTE III – O ALÉM-DO-HOMEM COMO ALTERNATIVA AO TRANSUMANO

"O novo sentimento fundamental: nossa definitiva transitorieda — Antigamente buscava-se o sentimento de grandeza do homem apontando para sua origem divina: este se tornou um caminho proibido, pois sobre o umbral está o macaco, junto com outras bestas medonhas, e arreganha sabidamente os dentes como a dizer: "Não prossigam nesta direção!". Tenta-se agora, portanto, a direção oposta: o caminho para onde vai a humanidade deve servir para provar sua grandeza e afinidade com Deus. Oh, tampouco isso resulta em algo! No fim desse caminho se encontra a urna funerária do último homem e coveiro (com a inscrição "nihil humani a me alienum puto" [nada humano me é estranho!]. Não importa o quanto a humanidade possa ter evoluído — e talvez ela esteja, no fim, ainda mais baixa do que no começo! — para ela não há transição para uma ordem mais alta, tanto quanto a formiga e a lacraia não podem, no término de sua "trajetória terrestre", alcançar o parentesco divino e a eternidade. O vir-a-ser arrasta atrás de si o-que-já-foi: por que haveria uma exceção a este eterno espetáculo, uma exceção para um pequeno astro e uma pequena espécie que o habita? Fora com tais sentimentalismos!"

Friedrich Wilhelm Nietzsche,
Aurora, 49 (1881)

3. DA *DÉCADENCE* À CRIAÇÃO DE NOVOS VALORES

Este capítulo tem por objetivo apresentar o conceito nietzschiano de "além-do-homem" como alternativa à proposta de "melhoria" cientificista, alardeada pelo transumanismo. Inicialmente é abordada a polêmica associação de Nietzsche ao pensamento transumanista. Na sequência, é apresentado o caminho que, segundo o filósofo alemão, deve ser percorrido pelo homem superior, em sua busca por "tornar-se quem se é" e superar-se — aprendendo a aceitar a dor de viver, destruindo e criando novos valores, transformando-se no além-do-homem.

3.1 A Polêmica Vinculação de Nietzsche ao Transumanismo

Vale lembrar que tanto no artigo *Uma História do Pensamento Transumanista*[234] quanto no livro *Transumanismo: a busca tecnológica pelo melhoramento humano*[235], os autores informam que ideias semelhantes às que atualmente são defendidas pelos transumanistas apareceram, inicialmente, na obra do biólogo britânico

---

234. Cf. BOSTROM, Nick. *A History of Transhumanist Throught*. Disponível na Internet em: http://www.nick bostrom.com/papers/history.pdf . Acesso em: 24 abr. 2018.
235. Cf. DIÉGUEZ, Antonio. *Transhumanismo: la búesqueda tecnológica del mejoramiento humano*. Barcelona: Herder, 2017.

John Haldane, *Dédalo: ou a ciência do futuro* (1927)[236]. Considerando o progresso científico de sua época, Haldane vislumbrou possibilidades de transformações artificiais da condição física e mental do ser humano. O conceito filosófico "transumano" teria surgido antes, e com significado diferente do que hoje é aplicado a ele, embora já relacionado à ciência, na obra do também biólogo britânico Julian Huxley, *Religião Sem Revelação* (1922)[237], que discute as possibilidades de transformação do ser humano a partir de uma ética religiosa.[238] "Pós-humano", por sua vez, foi cunhado pelo filósofo modernista egípcio, Ihab Hassan, em *Prometeu Como Performance: para uma cultura pós-humanista* (1977)[239], sendo posteriormente utilizado por Esfandiary, em seu *Você é um Transumano?* (1989)[240].

Mas, a polêmica relativa à associação do conceito nietzschiano de além-do-homem com o transumanismo surgiu em 2009, quando o

---

236. Cf. HALDANE, John. *Dédalus: ou a ciência e o futuro.* Disponível na Internet em: https://www.marxists.org/archive/haldane/works/1920s/daedalus.htm. Acesso em: 02 mai. 2019.

237. Cf. HUXLEY, Julian. *Religião Sem Revelação.* Disponível na Internet em: https://archive.org.detais/in.ernet.dli.2015.90330/page/n5. Acesso em: 02 mai. 2019.

238. Em sua tese de doutorado, defendida em 2019 junto à Universidade de São Paulo (USP), Alexey D. M. Carvalho, afirma que Dante Alighieri (1265 - 1321), empregou o termo "transumanar" em sua obra *A Divina Comédia ("Trasumanar significa per verba non si poria / però l'essemplo basti a cui esperienza grazia serba*; Paradiso")*, referindo-se ao estado atingido por graça divina. "Em português, uma tradução aceitável do original dantesco seria: *Transumanização é algo que não pode ser expresso em palavras / mas deixemos que o (prévio) exemplo baste / para aqueles que o experimentarão pela graça (de Deus).* — Cf. CARVALHO, Alexey Dodsworth Magnavita. *Skyward, Ethics and Metaphysics of Transhumanism: a proposal.* Tese. Doutorado em Filosofia. Faculdade de Filosofia, Letras e Ciências Humanas. São Paulo: USP, 2019, p. 110. / DANTE, Alighieri. *A Divina Comédia.* 12ª ed. Rio de Janeiro: Nova Fronteira, 2017, p. 402.

239. Cf. HASSAN, Ihab. *Prometheus as Performer: Toward a Posthumanist Culture?.* The Georgia Review, 1977, n. 31.

240. Cf. ESFANDIARY, F. M. *Are you a transhuman? Monitoring and Stimulating Your Personal Rate of Growth In a Rapidly Changing World.* New York. Warner Books, 1989.

filósofo alemão Stefan Sorgner[241] publicou o artigo *Nietzsche, o Além-do-Homem e o Transumanismo*[242], na edição de março daquele ano do *Journal of Evolution and Technology (JET)*, nele refutando a afirmação feita por Nick Bostrom, em seu *História do Pensamento Transumanista*[243], de abril de 2005, sobre Nietzsche. São palavras de Bostrom:

> Pode-se pensar que uma grande inspiração para o transumanismo foi Friedrich Nietzsche, famoso por sua doutrina do além-do-homem. [...] O que Nietzsche tinha em mente, no entanto, não era a transformação tecnológica, mas uma espécie de crescimento pessoal e de refinamento cultural em indivíduos excepcionais (que ele pensava que teria que superar a "moral escravista" do Cristianismo).[244]

No entender de Bostrom[245], o transumanismo, com "suas raízes ilustradas, sua ênfase nas liberdades individuais e sua preocupação humanista pelo bem-estar de todos os seres sencientes" tem apenas "semelhanças em nível superficial" com a visão nietzschiana. Sorgner[246] argumenta contra a afirmação de Bostrom de que Nietzsche não teria sido uma inspiração válida para o movimento

---

241. Stefan Lorenz Sorgner nasceu em 1973, na cidade alemã de Wetzlar. Frequentou o King's College, em Londres, bacharelando-se em Filosofia em 1997. No ano seguinte conclui seu Mestrado junto à Universidade de Durham. Terminou seu Doutorado na Universidade de Jena, em 2009, sob orientação de Wolfgang Welsch e de Gianni Vattimo. Seus principais campos de pesquisa são Nietzsche, a filosofia da música, a bioética e o transumanismo. Sorgner é professor de Filosofia da *John Cabot University*, em Roma, membro do *Institute for Ethics and Emerging Technologies (IEET)*, pesquisador do *Ewha Institute for the Humanities* da *Ewha Womans University*, em Seul.

242. SORGNER, Stefan Lorenz. *Nietzsche, the Overhuman, and Transhumanism*. In: Tuncel (org.), Yunus. *Nietzsche and Transhumanism: precursor or enemy?* 1. ed. Newcastle: Cambridge Scholars Publishing, 2017, pp. 14-26.

243. Cf. BOSTROM, Nick. *A History of Transhumanist Throught*. Op. Cit.

244. Idem. Idem.

245. Idem. Idem.

246. Cf. SORGNER, Stefan Lorenz. *Nietzsche, the Overhuman, and Transhumanism*. Disponível na Internet em: https://jetpress.org/v20/ sorgner.pdf. Acessado em 20 fev 2020.

transumanista. Destaca o que considera serem semelhanças entre o conceito nietzschiano de além-do-homem e o conceito de pós-humano de Esfandiary: os aspectos dinâmicos e em permanente mutação da vida humana; a ciência como caminho de transformação; a importância atribuída aos valores e ao desenvolvimento. Sorgner conclui que os "tipos humanos superiores" nietzchianos são semelhantes aos de Esfandiary, sendo Nietzsche, portanto, uma influência válida para o transumanismo tecnocientífico.

Na edição de janeiro de 2010, o então *Editor-in-Chief* do *Journal of Evolution and Technology* (JET), Russell Blackford (1954 –)[247], chama a atenção para o grande interesse despertado pela contestação de Sorgner. A publicação trazia os artigos de Hauskelle, More e Hibbard, além de resposta do próprio Sorgner. Blackford, então pondera:

> [...] Sorgner argumenta que existem semelhanças significativas entre o conceito de pós-humano (como normalmente implantado no pensamento transumanista) e a célebre noção de Nietzsche do sobre-humano (muitas vezes referido, talvez enganosamente, como " o Super-homem"). Sorgner não afirma que os pensadores transumanistas con-temporâneos e do final do século XX foram conscientemente influenciados por Nietzsche: esta é uma questão que ele expli-citamente deixa em aberto. Ele também não descreve o tran-sumanismo como monolítico, ou o conceito de pós-humano como inequívoco. Por tudo isso, ele sugere que a semelhança entre os dois conceitos — sobre-humano e pós-humano — não é meramente superficial: está em um nível fundamental. [...] Sorgner acrescenta, no entanto, que a ideia do sobre-humano fornece a Nietzsche uma base para valores que parecem faltar no pensamento transumanista.[248]

---

247 Filósodo australiano. Doutor em Literatura Inglesa pela Newcastle University. Mestre em Bioética e Doutor em Filosofia pela Monash University. É escritor especializado em ficção científica e filosofia do melhoramento humano.

248. Cf. BLACKFORD, Russell. *Editorial: Nietzsche and European Posthumanisms.* Disponível na Internet em: https://jetpress.org/v21/blackf ord.pdf. Acessado em 20 fev 2020.

Também mencionado por Bostrom em seu artigo, Max More afirma em *O Além-do-homem no Transumano*[249] ser Nietzsche um grande influenciador de seu próprio trabalho e do movimento transumanista. Declara concordar com as conclusões de Sorgner e, também, considera que a filosofia de Niezsche é um importante instrumento para a promoção do pensamento crítico e para a concretização dos objetivos transumanistas.

Para Blackford, Nietzsche e seu ideal de superação da condição humana sugestionou o pensamento de More, levando-o a encaminhar seu trabalho filosófico por rumos que se não são completamente compatíveis com as propostas do próprio Nietzsche, pois diverge em pontos essenciais. No entanto, Nietzsche incentivava os criadores a não tomarem sua filosofia como dogma inquestionável e sim como ponto de partida para a livre criação, sempre atrelada à transformação de valores, e não necessariamente de corpos ou de coisas. Assim entendido, faz todo sentido os questionamentos que Blackford apresenta em seu editorial:

> O transumanismo moderno contém recursos adequados para uma vida significativa, como Nietzsche evidentemente pensava estar fornecendo em seu corpo de trabalho filosófico? Deveria mesmo tentar fazer isso — ou deveria ter como objetivo algo mais modesto, talvez uma previsão precisa, ou um pensamento flexível sobre o futuro, ou alguns objetivos utilitários circunscritos? Afinal, qual é o *ponto* do movimento transumanista? Se a visão de seres pós-humanos, com capacidades que excedem em muito a nossa, é realista, que responsabilidade moral nós temos, coletivamente ou como indivíduos, para criar tais seres (ou talvez evitar fazê-lo)? De modo geral, uma visão do futuro "pós-humano" é uma fonte adequada de sentido em nossas vidas? Por que ou por que não?[250]

---

249. Cf. MORE, Max. *The Overhuman in the Transhuman.* Disponível na Internet em: https://jetpress. org/v21/more.pdf. Acessado em 20 fev 2020.
250. Cf. BLACKFORD, Russell. *Editorial: Nietzsche and European Posthumanisms.*

Blackford, portanto, retorna à abordagem dos valores éticos, em detrimento do dogma transumanista de melhoramento tecnocientificista. Por sua vez, Hauskeller em *Nietzsche, o Além-do-homem e o Pós-Humano: uma réplica a Stefan Sorgner*[251] discorda de More e do próprio Sorgner, destacando as diferenças essenciais entre o pensamento de Nietzsche e do transumanismo, sendo, em seu entender: 1) ao contrário do objetivo transumanista de melhorar a natureza humana pela aplicação de conhecimentos tecnocientíficos, Nietzsche não estava interessado em melhorar a espécie humana; 2) ao contrário de Nietzsche, os transumanistas não concordariam com uma revisão de todos os valores; 3) o transumanismo almejam a continuidade dos valores transu-manistas, enquanto Nietzsche é radicalmente contra a imutabilidade de valores; 4) para Nietzsche a mente é parte indissociável do corpo, en-quanto para os transumanistas o corpo orgânico pode ser separado da mente e substituído; 5) o transumanismo tem como fundamento a tradição logocêntrica, enquanto Nietzsche é seu crítico radical; 6) o transuma-nismo almeja a imortalidade, enquanto Nietzsche a rejeita. Hauskeller conclui que a filosofia de Nietzsche está em desacordo com as ideias transumanistas.

Também para Bill Hibbard[252] em *Além-do-Homem de Nietzsche é um Ideal Enquanto Pós-humanos Serão Reais*[253] há consideráveis divergências entre Nietzsche e o transumanismo. Ele argumenta que

---

Op. Cit.

251. Cf. HAUSKELLE, Michael. *Nietzsche, the Overhuman and the Posthuman: a reply to Stefan Sorgner*. Disponível na Internet em: https://jetpress.org/v21/hauskeller.pdf. Acessado em 20 fev 2020.

252 Bill Hibbard. Doutor em Ciência da Computação pela Universidade de Wiscounsin-Madison e pesquisador de inteligência de máquina de seu Centro de Ciência e Engenharia Espacial. Escritor publicou o livro *Super-Intelligent Machines*, além de vários artigos sobre a singularidade.

253. Cf. HIBBARD, Bill. *Nietzsche's Overhuman is an Ideal Whereas Posthumans Will be Real*. Disponível na Internet em: https://jetpress.org/v21/hibbard.pdf. Acessado em 20 fev 2020.

o além-do-homem de Nietzsche é uma utopia sempre no horizonte, enquanto o pós-humano transumanista é concreto, real. Outro elemento diferenciador é a questão da desigualdade entre os homens sugerida por Nietzsche. A preferência pelo forte, explicitada pelo filósofo alemão, entraria em desacordo com a proposta transumanista de coesão social forjada por meio da tecnologia.

Em resposta ao debate em curso, em *Além do Humanismo: reflexõe sobre trans e pós-humanismo*[254] Sorgner expõe seus argumentos em nove partes, sendo elas:

1) *Teoria e Evolução*, em que afirma que Nietzsche tem grande consideração pela ciência, o que concorreria para que ele não recusasse a tecnologia como meio para fazer surgir o além-do-homem. Importa destacar, que Sorgner entende tecnologia e educação como processos análogos. Em decorrência, entende que Nietzsche aprovaria o aperfeiçoamento tecnológico do além-do-homem.

2) *Superando o Niilismo*, em que considera ser impossível obter conhecimentos definitivos do mundo e, também, a implausibilidade do conceito absoluto de bem, não havendo fundamento ético universal. Sugere o estabelecimento de uma sociedade pós-funcional, na qual coexistiriam as diversas formas de vida.

3) *Política e Liberalismo*, em que Sorgner afirma haver um "sistema de classes" em Nietzsche, que teria uma visão política em que a sociedade se divide entre os criadores e aqueles que fazem o trabalho cotidiano. Tal visão, no entender de

---

254. Cf. SORGNER, Stefan. *Beyond Humanism: reflections on trans and post-humanism*. Disponível na Internet em: https://jetpress.org/v21/sorgner.pdf. Acessado em 20 fev 2020.

Sorgner, persistiria em alguns segmentos do transumanismo.

4) em *Utilitarismo ou Virtudes Éticas?*, Sorgner aproxima o pensamento de Nietzsche mais de uma ética da virtude do que do utilitarismo. Incentiva os transumanistas, especialmente os bioeticistas, a se inspirarem nas ideias de Nietzsche.

5) em *Nietzsche, Transumanismo e Vida Boa*, Sorgner chama a atenção para os riscos envolvidos na defesa de um único "ideal de verdadeiro bem" para toda a humanidade. Nietzsche não teria defendido apenas certas formas de vida boa e sim estaria aberto a outras, ao contrário dos transumanistas.

6) em *Criatividade e Vontade de Potência*, Sorgner argumenta que a "concepção dinâmica de potência" e a "vontade" explicam a compreensão nietzschiana de mundo em permanente transformação, que é aberta à ideia de progressão, defendida pelo transumanismo.

7) em *Imortalidade e Longevidade*, Sorgner, então expõe sua crítica à interpretação que Hauskeller faz de Nietzsche no que diz respeito à imortalidade. Em seu entender, Nietzsche e transumanismo estão de acordo quanto à concepção cristã de vida após a morte e de imortalidade. Quanto à longevidade, Sorgner entende que ela estaria em dissonância com Nietzsche, que desdenha da mera sobrevivência enquanto valoriza a máxima realização da potência de viver, que se vincularia a uma vida sobre-humana.

8) em *Logocentrismo*, Sorgner discorda de Hauskeller também com relação a este ponto, pois em seu entender, o transumanismo não é uma continuidade da tradição logocên-trica

do Ocidente, está de acordo com a perspectiva naturalista e com as posições de Nietzsche sobre o conhecimento.

9) por fim, em *Nietzsche e o Terceiro Reich*, Sorgner discorre sobre os motivos da hostilidade de alguns transumanistas para com o pensamento nietzschiano e o papel que coube ao filósofo na Alemanha após a Segunda Grande Guerra.[255]

Em 2011, o debate seguiu no *The Agonist*, publicação do *Nietzsche Circle*, associação norte-americana de estudiosos. Dos trabalhos publicados nesta revista, destaca-se *Imperativo Pós-Humano de Nietzsche: sobre o sonho "Demasiado Humano" do Transumanismo*[256], artigo da filósofa Babette Babich (1956 –)[257]. Desta feita, é a vez de Babich se posicionar contra Sorgner e More. Ela, então critica Sorgner por não refletir sobre os motivos que teriam levado Bostrom a desqualificar Nietzsche como influenciador do transumanismo. Constrói sua argumentação a partir do paralelo que Sorgner faz entre educação, evolução e engenharia genética. E o associa a uma outra polêmica, travada entre Sloterdjik e Habermans. Para este último, no entender de Babish, a teoria dos sistemas e a cibernética teriam passado a constituir a base do mundo industrial militar avançado. Sloterdjik, por sua vez, em *Regras Para o Parque Huma-*

---

255. A obra de Nietzsche é alvo de muitas polêmicas e interpretações equivocadas. Entre elas, a de ter proximidade com as ideias nazistas, por meio do conceito de além-do-homem/super-homem. Como demonstrado no capítulo 2, o conceito é contrário à aniquilação dos fracos, prática essa própria daqueles que Nietzsche identifica como decadentes.

256. Cf. BABICH. Babette. *Nietzsche's Post-Human Imperative: On the "All-too-Human" Dream of Transhumanism.* Disponível na Internet em: http://www.nietz schecircle.com/AGONIST/2011_08/Dream_of_Transhuma nism.pdf. Acessado em 20 fev 2020.

257 Babette Babich. Filósofa e escritora estadunidense. Doutora em Filosofia pelo Boston College. Professora de Filosofia da Fordham University, de Nova York, lecionou em várias outras instituições como Denison University, Marquette University, Winchester University (Inglaterra) e Humboldt University (Berlim).

no[258] apresenta o conceito de "antropotécnica", ou "técnica de fabricação da humanidade" enquanto acena com as possibilidades proporcinadas pela adoção de novos sentidos. Assim, Babich coloca em evidência, novamente, a questão dos valores. Ela questiona Sorgner sobre o que ele entende por "educação" e se põe a examinar elementos próprios da concepção nietzschiana, que aborda edução no sentido de formação cultural integral, de corpo e mente, desenvolvimento amplo das possibilidades do indivíduo, favorecendo o que ele tem de mais autêntico, o seu ser mais essencial, único. Fica implícita a questão da ausência de neutralidade das aplicações técnicas.

Babich chama a atenção para as contradições entre o modelo transumanista de educação (pela aplicação de recursos tecnocientífico, a começar pela concepção do sujeito biológico, com pré-delimitação de suas características genéticas) e o modelo proposto por Nietzsche. Alerta que o transumanismo pode levar a uma sociedade de nivelamento humano e não de aprimoramento de indivíduos especiais, como propôs Nietzsche e o entendeu corretamente Bostrom. Conclui que Nietzsche não aprovaria o tipo de "aprimoramento" proposto pelo transumanismo — que diz respeito à autopreservação de grupos específicos imposto subjetivamente a outros —, classificada pelo filósofo alemão como *décadente*. E acrescenta que, se apenas os financeiramente abastados poderão pagar por tecnologias caras, não haverá a concretização da promessa transumanista de "um mundo melhor para todos" e, ainda, que a obsessão por um futuro distante, contribui para distanciar os transumanistas dos problemas que estão colocados no presente.

Em resposta a Babich, em *Zaratustra 2.0 e Além: observações adicionais sobre a complexa relação entre Nietzsche e*

---

258. Cf. SLOTERDIJK, Peter. *Regras Para o Parque Humano: uma resposta à carta de Heidegger sobre o Humanismo*. São Paulo: Estação Liberdade, 2000.

Transumanismo[259] Sorgner reconhece a importância de aliar o trasumanismo à dimensão histórica. Porém, declara que não vê ligações entre transumanismo e totalitarismo, embora também se preocupe com problemáticas relativas às associações entre tecnologias e práticas totalitárias. Ele leva o debate para áreas como fascismo e futurismo e, por fim, conclui que as novas tecnologias, sejam elas eletrônicas ou médicas, serão disponibilizadas para um grande número de pessoas e melhorarão suas vidas.

No entanto, Sorgner reconhece a importância de pensar como as tecnologias podem ser usadas sem que se criem estruturas sociais totalitárias. E ele também reconhece que há diferenças entre o pensamento de Nietzsche e o transumanismo. No entanto, não vê o idealismo ascético[260] no tran-sumanismo. Pelo contrário, para ele os trasumanistas, assim como Nietzsche, aceitam o seu "ser natural".

Outros artigos foram publicados pela *The Agonist* e em *Nietzsche e Transumanismo: precursor ou inimigo*, coleção de artigos organizada por Yunus Tuncel[261], o que continua contribuindo para atrair a atenção de estudiosos de todo o mundo e gerar uma imensa riqueza de pontos de vista e argumentos a serem levados em conta.

Curiosamente, nenhum dos autores, nos trabalhos aqui mencionados, se detém a expor o que entendem pelo conceito de "homem". Afinal, o que se pretende melhorar ou superar? Nietzsche, por sua vez, explica o homem a partir de sua teoria das forças, como configuração de energias que buscam efetivar-se. No contexto dos

---

259. Neste artigo Sorgner também responde a Paul Loeb que faz considerações baseadas no eterno retorno, conceito que não abordaremos aqui. Para saber mais, consultar: LOEB, Paul S. *Nietzsche's Transhumanism*. Disponível na Internet em: http://www.nietzschecircle.com/AGONIST/2011_08/Loeb_Nietzsche_transhumanism.pdf. Acessado e 16 set. 2021.
260. Entendido como desenvolvimento espiritual em detrimento do corpo físico.
261. Cf. TUNCEL (Org.), Yunus. *Nietzsche and Transhumanism: precursor or enemy?* Op. Cit.

sentidos e valorações, conforme afirma Nietzsche, o homem

> [...] é uma corda atada entre o animal e o além-do-homem —
> uma corda sobre um abismo.
> Um perigoso para-lá, um perigoso a-caminho, um perigoso
> olhar-para-trás, um perigoso estremecer e se deter.
> [...] uma ponte e não um objetivo [...] uma passagem e um
> declínio.[262]

Palavras que fazem lembrar Pico Della Mirandola. No entender de Nietzsche, o homem é um ser não fixado, uma transição, um processo inacabado — sujeito a obstáculos, imprevisibilidades, conflitos, hesi-tações e inseguranças — rumo a algo além de sua própria subjetivi-dade. Concepção esta que não diverge, neces-sariamente, do conceito esfadiaryano de pós-humano. Ao referir-se a um transumano que estaria expandindo suas capacidades e em vias de transforma-se em algo que venha a ser posterior ao humano, ou seja, em um pós-humano, o que Esfandiary[263] faz é afirmar que em contato com a tecnologia e seus produtos, o ser humano se transforma fisicamente e subjetivamente rumo a um momento em que, deixando de ser homem, torna-se outro. Como viajante espacial, explorador do cosmo em contato com outras civilizações, o transumano de Esfandiary[264] é um humano em transição, já apto a enfrentar situações de conflito para as quais o homem comum não estaria preparado. Sua pós-humanidade é consequência de sua trans-formação física e subjetiva.

Nietzsche, que não faz menção a viagens espaciais e civilizações extraterrestres, ou mesmo aperfeiçoamento tecnológico do corpo humano, se interessa, como vimos, pelo ser enquanto destrui-

---

262. NIETZSCHE, F. W. *Assim Falava Zaratustra*. Tradução: Paulo César de Souza. São Paulo: Companhia das Letras, 2018, p. 14.
263. Cf. ESFANDIARY, F. M. *Are you a Transhuman?* Op. Cit.
264. Ibidem.

dor e criador de novos valores favorecedores da satisfação plena da vontade de potência, da plenitude de suas energias afirmadoras da vida. Assim, em um primeiro momento se pode pensar que mesmo um tran-sumano ou um pós-humano — enquanto herdeiros daquele homem não fixado, configuração de forças em luta por efetivar-se e possuidor de vontade de potência — poderia se beneficiar dos ensinamentos de Zaratustra.

Enquanto em *Genealogia da Moral* Nietzsche[265] esclarece a condição do homem como criador de valores, em íntima associação com a formação da moral judaico-cristã, em *Assim Falava Zaratustra* e em *Além do Bem e do Mal*[266] o tema principal é o processo de destruição dos valores estabelecidos e a criação de ou-tros. Nietzsche, então indica o caminho que cabe ao criador trilhar. Vejamos quais as possibilidades de um humano, transumano ou pós-humano tornar-se um além-do-homem, considerando a crítica nietzschiana à concepção de "melhoria" do homem e sua pro-posta de superação de si.

3.2 A Superação de Si e a Criação de Novos Valores

Para Nietzsche, a criação de novos valores não é uma possibilidade aberta a todos, indiscriminadamente. Apenas aos ho-mens do tipo superior, que têm acumuladas em si as forças necessárias à ação de contrariar a cultura estabelecida.

O homem superior é aquele que tem em si a capacidade de acumular altas concentrações de forças fortes, ou seja, traços dos primeiros bárbaros. Em *Além do Bem e do Mal* (1886), Nietzsche remete a tempos históricos primitivos, quando a moral dos senhores ainda

---

265. Cf. NIETZSCHE, F. W. *A Genealogia da Moral*. Op. Cit.
266. Cf. NIETZSCHE, F. W. *Assim Falava Zaratustra*. *Op. Cit.* / NIETZSCHE, F. W. *Além do Bem e do Mal*. Op. Cit.

não havia sido pervertida pelo ressentimento dos vencidos.[267]

> Digamos, sem meias palavras, de que modo começou na Terra toda sociedade superior! Homens de uma natureza ainda natural, bárbaros em toda terrível acepção da palavra, homens de rapina, ainda possuidores de energia de vontade e ânsia de poder intactos, arremeteram contra raças mais fracas, mais polidas, mais pacíficas, raças comerciantes ou pastores, talvez, ou sobre culturas antigas e murchas, nas quais a verdadeira vitalidade ainda brilhava em reluzentes artifícios de espírito e corrupção. A casta nobre sempre foi, no início, a casta dos bárbaros: sua preponderância não estava, primariamente, na força física, mas na psíquica — eram os homens mais inteiros (o que em qualquer nível significa também "as bestas mais inteiras" —).[268]

Nietzsche lembra que houve um tipo humano originário. Nele as forças vitais fortes predominavam. Eram os "homens superiores" — aos quais também se refere como "senhores" ou "nobres" —, os primitivos conquistadores, com instintos de "bestas mais inteiras". Estes teriam percebido os outros homens como tipos inferiores, cuja existência não teria outra serventia que não fosse a promoção da elevação dos próprios homens superiores.

Fundador de sociedades aristocráticas, o homem superior não se percebe em função de uma realeza ou mesmo de uma comunidade. Pelo contrário, tudo existe em função dele, para ele. Portanto, ele, o criador da realidade, molda a estrutura comunitária à sua própria vontade e aceita "com boa consciência o sacrifício de inúmeros homens que, por sua causa, devem ser oprimidos e reduzidos a seres incompletos, escravos, instrumentos"[269].

Desta forma, Nietzsche naturaliza a formação de hierarquias

---

267. Cf. NIETZSCHE, F. W. *Além do Bem e do Mal.* Op. Cit.
268. Ibidem, p.153.
269. Idem. Idem.

sociais e mesmo da escravidão, no contexto da luta por efetivação de vontades de potência, ao mesmo tempo em que encontra no homem bárbaro a origem da formação das expressões culturais, inclusive dos códigos morais.

> Toda elevação do tipo "homem" foi, até o momento, obra de sociedades aristocráticas — e assim será sempre: de uma sociedade que acredita numa longa escala de hierarquias e diferenças de valor entre um e outro homem, e que necessita da escravidão em algum sentido.[270]

Em *Além do Bem e do Mal* Nietzsche reflete sobre as diferenças entre o homem inferior e superior, e acaba destacando a importância do *pathos* da distância — entendido como percepção do homem do tipo superior quanto à sua posição elevada com relação ao homem do tipo inferior, ou seja, o sentimento de distância hierárquica — para a elevação do homem.[271]

> Sem o *pathos* da distância, tal como nasce da entranhada distância entre as classes, do constante olhar altivo da casta dominante sobre os súditos e instrumentos, e do seu igualmente constante exercício em obedecer e comandar, manter abaixo e ao longe, não poderia nascer aquele outro *pathos* ainda mais misterioso, o desejo de sempre aumentar a distância no interior da própria alma, a elaboração de estados sempre mais elevados, mais raros, remotos, amplos, abrangentes em suma, a elevação do tipo "homem", a con-tínua "autosuperação do homem", para usar uma fórmula moral, num sentido supramoral.[272]

Desta forma, tanto o aristocratismo quanto o *pathos* da distância são pressupostos de todo movimento de elevação do homem e de suas criações culturais, sendo "o fosso entre um ser

---

270. Idem. Idem.
271. Cf. NIETZSCHE, F. W. *Além do Bem e do Mal.* Op. Cit.
272. Ibidem, p. 153.

humano e outro, entre uma classe e outra, a multiplicidade de tipos, a vontade de ser si próprio, de destacar-se, isso que denomino *pathos* da distância é característico de toda época forte"[273]. Em outras palavras, a percepção da própria superioridade e a vontade de dominar seriam expressões de energias vitais fortes que teriam a capacidade de persistir na luta por sobressair-se ao longo de toda a história da humanidade.

Ainda diferenciando "homem inferior" de "homem superior", Nietzsche afirma que este último, a princípio, conquista maior número de oportunidades por adquirir incalculavelmente mais experiências empíricas e racionais que aqueles, e as vivencia, o que explica que acabem por se colocar à frente, ou potencialmente manter-se, entre aqueles que são capazes de elevar-se ao "cume da humanidade"[274]. Crescendo e se diversificando cada vez mais, os estímulos do homem superior, assim como suas oportunidades de prazer e de desprazer, contribuem para que, cada vez mais, seus estados de ânimo oscilem entre sensações e sentimentos distintos, ampliando suas capacidades.

Assim, o homem superior torna-se o "verdadeiro e incessante autor da vida". Seu "olhar retrospectivo sobre a obra" o transforma no ser "pensante-que-sente", o que contribui para impulsionar sua capacidade de inventar, continuamente, aquilo que ainda não existe. Suas criações são continuamente exercitadas pelo "homem de ação", o homem prático que as concretizam no mundo objetivo, cotidianamente. O homem superior, assim, cria os valores que o homem prático atribui às coisas do mundo, àquilo que originalmente não têm significado algum, pois "a natureza é sempre isenta de valor".[275]

---

273. NIETZSCHE, Friedrich. *Crespúsculo dos Ídolos*. São Paulo: Companhia das Letras, 2006, p. 87.
274. NIETZSCHE, F. W. *A Gaia Ciência*. Op. Cit., p. 180-181.
275. Ibidem, p. 181.

Por meio do personagem Zaratustra, o filósofo afirma que a criação de novos valores é prerrogativa de um tipo superior de homem, portador de forças vitais fortes, reconhecível por sua inclinação à reverência pelo sagrado e seu *pathos* da distância, traços estes característicos de sua personalidade. Além do já mencionado César Borgia, em *Genealogia da Moral*, Nietzsche menciona Napoleão Bonaparte (1769–1821) como outro exemplo de *Übermensch*. "Napoleão, esta síntese de inumano e sobre-homem"[276], é descrito como inumano, desumano, monstro (*Unmensch*), forte, poderoso e além-do-homem. Bórgia e Bonaparte seriam homens que sabiam como ultrapassar-se, dominando os próprios instintos, e que teriam característica mais completas do que outros homens do tipo superior, como William Shakespeare (1564–1616), Johann Wolfgang von Goethe (1749– 1832), Sthendal (Henri-Marie Beyle , 1783–1842) ou Fiódor Mikhailovitch Dostoiévski (1821 – 1881), também eles homens do tipo superior, mas não propriamente além-do-homem.

Em *Assim Falava Zaratustra (1883)*, Nietzsche expressa sua busca infrutífera pelo além-do-homem. Por meio do personagem Zaratustra, conclui que os criadores mais capazes estariam ainda por vir, pois em sua época mesmo os homens mais elevados ainda eram decadentes.[277]

De qualquer forma, mesmo sem encontrar homens superiores, Zaratustra conhece o caminho que cabe ao criador de novos valores trilhar rumo ao nascimento do além-do-homem, e o indica. É o caminho das três metamorfoses[278], pelo qual o homem superior segue rumo à superação de si por meio do autoconhe-cimento, pela vontade de potência e pela criação de novos valores, culminando com

---

276. NIETZSCHE, F. W. *A Genealogia da Moral*. Op. Cit., p. 41.
277. Cf. NIETZSCHE, F. W. *Assim Falava Zaratustra*. Op. Cit.
278. Ibidem, p. 25.

o surgimento do além-do-homem.

No entanto, este não é um caminho isento de sofrimento, pelo contrário. Nietzsche, porém não entende o sofrimento como algo ruim. Em seu entender a dor pode ser libertadora e levar à alegria. Em *A Gaia Ciência,* a dor é valorizada como via de restabelecimento das forças do homem superior e Nietzsche distingue aquele que "sofre de abundância" daquele que sofre por "empobrecimento de vida"[279].

> [...] existem dois tipos de sofredores, os que sofrem de *abundância de vida,* que querem uma arte dionisíaca e também uma visão e compreensão trágica da vida — e depois os que sofrem de *empobrecimento da vida,* que buscam silêncio, quietude, mar liso, redenção de si mediante a arte e o conhecimento, ou a embriaguez, o entorpecimento, a convulsão, a loucura. [...] O mais rico em plenitude de vida, o deus e homem dionisíaco, pode permitir-se não só a visão do terrível e discutível, mas mesmo o ato terrível e todo luxo de destruição, decomposição, negação; nele, o mau, sem sentido e feio parece como que permitido, em virtude de um excedente de forças geradoras, fertilizadoras, capaz de transformar todo deserto em exuberante pomar.[280]

Segundo o filósofo alemão, na Modernidade, os homens careciam de experiências pessoais dolorosas, que teriam caráter formativo, e lidavam com meras "picadas de mosquito" como se fossem grandes dores[281]. Assim, o europeu branco do século XIX tornou-se ignorante e fantasiador por não ter se habituado a entender o sofrimento.

> [...] em comparação a uma época de temor — a mais longa das eras — , em que o indivíduo tinha de se proteger da

---

279. Cf. NIETZSCHE, F. W. *A Gaia Ciência.* Op. Cit.
280. Ibidem, pp. 245-246. Itálicos do autor.
281. Ibidem, p. 86.

violência e, em nome desse objetivo, era obrigado a tornar-se ele próprio um violento. Naquele tempo o homem perfazia um rico treino em privações e tormentos físicos, e compreendia até mesmo uma certa crueldade consigo, um deliberado exercício da dor, como recurso necessário para a sua preservação; naquele tempo, cada um educava os seus para suportar a dor, gostava de infligir dor e via as mais terríveis coisas do gênero sucederem a outros, sem outro sentimento que não o da própria segurança.[282]

Na Modernidade, o sofrimento se traduz numa espécie de hipersensibilidade e intolerância à dor. Mas, no entender de Nietzsche, o melhor remédio para o sofrimento é o próprio sofrimento que leva a ultrapassar a própria dor e tornar-se mais resistente a ela.

Como homem em meio a outros, o criador de novos valores, imerso na civilização ocidental e no conhecimento construído a partir da epistemologia platônica-judaica-cristã, tem por herança a obrigação de corresponder ao que dele se espera. Ele se depara com o ressentimento do rebanho e é intimidado a conter sua força superior, sendo de antemão apontado como culpado por sua "crueldade". Mas, ele é a exceção que tem em si a energia necessária para opor-se ao estabelecido. Contém impulsos que o distinguem, impelindo-o a ser uma "roda que gira por si mesma", mesmo diante do sofrimento. Sua condição natural o torna um dissidente, alvo de reprovação dos que obedecem as normas estabelecidas, dos incapazes de rebelar-se e de seguir a própria vontade[283].

Não obedecendo a outros, o criador, escuta a si mesmo e efetiva a própria vontade. Ao tornar-se senhor de si, sente "as dores do parto à montanha do futuro humano"[284], pois será ele a criar o futuro. Diante de si ele tem a plebe, ou aqueles que se orientam pela

282. NIETZSCHE, F. W. *A Gaia Ciência*. Op. Cit., p. 85.
283. Ibidem, p. 60.
284. Ibidem, p. 272.

obediência, pela conservação, compaixão, modéstia, prudência, igualdade dos homens, pela felicidade da maioria. O homem superior ultrapassa essas concepções com coragem, mas não sem medo. "Coragem tem aquele que conhece o medo mas *vence* o medo, que vê o abismo, mas com *orgulho*"[285].

O homem superior pode criar o além-do-homem que, talvez, não seja ele mesmo, e sim seu irmão ou seu filho[286]. Para tanto, para além do sofrimento, é preciso colocar todas as coisas no âmbito do visível, sensível, pensado. A partir dos próprios instintos é preciso refletir até o fim e, a partir do pensamento e da vontade mais autêntica criar um mundo que seja reflexo do próprio criador.

> Criar — eis a grande libertação do sofrer, e o que torna a vida leve. Mas para que haja o criador é necessário sofrimento, e muita transformação.
> Sim, é necessário que haja muitos amargos morreres em sua vida, ó criadores!
> Para ser ele próprio a criança recém-nascida, o criador também deve querer ser a parturiente e a dor da parturiente.
> [...] É justamente esse destino — o que deseja minha vontade [...] Meu querer sempre vem como meu libertador e portador de alegria.
> Querer criar liberta: eis a verdadeira doutrina da vontade e da liberdade.
> Também no conhecer sinto apenas o prazer de gerar e de vir a ser de minha vontade; e, se há inocência em meu conhecimento, isso ocorre porque há nele vontade de gerar.[287]

O criador ama-se e por amar-se opta por buscar seu próprio caminho. Isola-se do rebanho, torna-se um solitário. É graças à solidão que o criador conquista a distância do meio circundante necessária para pensar por si próprio. Se impondo como condição

---

285. Ibidem, p. 273.
286. Idem. Idem.
287. NIETZSCHE, F. W. *A Gaia Ciência*. Op. Cit., p. 82.

necessária ao pensar, a solidão é restauradora. Revigora e leva o criador, desgastado pelo convívio com os homens inferiores, a encontrar-se a si mesmo.

Porém, não bastam a força própria do homem superior e seu isolamento do homem inferior. É preciso conquistar e manter o propósito de erguer a própria vontade acima de si, "como uma lei", tornando-se quem se é, adquirindo conhecimento e controle de si a ponto de tornar-se o juiz da própria vontade.

Do controle de si depende o direito a legislar do homem superior. Porém, ele nunca deixa de ser um campo de conflito em si mesmo. Seu caminhar não deve ser marcado pela ambição ou pela avidez, pois o desejo por grandeza costuma formar seres vazios[288]. Embora corajosamente solitário, nele continua ressoando a voz do rebanho, que o tortura. São as vozes daqueles que o desprezam, que o invejam, que o odeiam.

> Obrigas muitos a mudar de ideia acerca de ti; isso eles põem duramente em tua conta. Chegaste perto deles e passaste: isso jamais te perdoam.
> Tu os ultrapassas: mas, quanto mais alto sobes, tanto menor te vê o olho da inveja. Mais que tudo, porém, é odiado aquele que voa.[289]

Permanentemente sujeito a sucumbir ao cansaço e a duvidar de sua própria grandeza, o criador é o maior inimigo de si mesmo. Deve conhecer-se e vigiar-se. Em meio à solidão e ao sofrimento, se depara com as três grandes doenças da humanidade: má consciência, a culpa e o ressentimento.[290]

---

288. NIETZSCHE, F. W. *A Gaia Ciência*. Op. Cit., p. 60.

289. Ibidem, p. 61.

290 Por fugir ao escopo deste trabalho, não serão abordadas em maiores detalhes as figuras da má consciência, ressentimento e culpa. Nos delimitamos a considerar aspectos relacionados com o sofrimento e a superação de si, tema deste capítulo. Para saber mais, consultar: GIACÓIA JÚNIOR, Oswaldo. *Nietzsche Como Psicó-*

Com o desenvolvimento de seu mundo interior, o homem, até então livre e selvagem, passou a perceber os obstáculos colocados à efetivação de seus impulsos pela vida em comunidade. Os impulsos, no entanto, não desapareceram.

Ao debruçar-se sobre as noções de culpa e de castigo, tão presentes na religião cristã, o filósofo alemão analisa o surgimento da má-consciência. Esta a doença que se instaura na civilização ocidental. Ao ver-se obrigado a aderir aos padrões e regras socialmente estabelecidas, renunciando aos seus instintos selvagens e, por força deles, frequentemente caindo em erro quanto àquilo a que a sociedade lhe impõe, o homem incorre em má-consciência, ou seja, sente-se culpado e, assim, envolvido por negatividade. A má-consciência, a culpa, é a doença que se infiltra na humanidade e, por consequência dela, o homem torna-se mórbido, pessimista, negativo. É justamente em meio ao conflito entre liberdade dos instintos e sua negação, que o homem adquire má consciência e adoece.

No cristianismo a culpa atinge o mais elevado grau. Ao procurar anular seus instintos, o ser humano exerce violência contra si, torturando-se. Por influência do sacerdote (aqui entendidos como líder religioso, padres, pastores e outros), ao interiorizar a própria dor, o cristão acaba por agir no sentido de incuti-la em quem não a tem.

> Os juízos de valor cavalheiresco-aristocráticos têm como pressuposto uma constituição física poderosa, uma saúde florescente, rica, até mesmo transbordante, juntamente com aquilo que serve à sua conservação: guerra, aventura, caça, dança, torneios e tudo o que envolve uma atividade robusta, livre, contente. O modo de valoração nobre-sacerdotal [...] tem outros pressupostos [...] Os sacerdotes são, como sabemos, os *mais terríveis inimigos* — por quê? Porque são os mais impotentes. Na sua impotência, o ódio toma proporções

logo. Rio Grande do Sul: Unisinos, 2001.

monstruosas e sinistras, torna-se a coisa mais espiri-tual e venenosa. Na história universal, os grandes odiadores sempre foram sacerdotes [...] comparado ao espírito de vingança sacerdotal, todo espírito restante empalidece.[291]

Para Nietzsche, a figura histórica que dá origem tanto à "culpa" quanto ao "ressentimento" é o sacerdote judeu e ou cristão. Com ele teve início "a mais grave das doenças da qual a humanidade ainda não se recuperou, o homem sofredor do homem, o homem sofrendo dele mesmo"[292]. O sacerdote torna legítima a autoacusação, tanto quanto a negação do outro. Enquanto na "má consciência" o homem dirige para si as acusações e, assim, torna-se doente de si mesmo, no "ressentimento", seus instintos se voltam contra o outro.

Na pregação do sacerdote, somente o sofredor aparece como o escolhido por Deus, aquele que será redimido pelo sofrimento e admitido na vida eterna do além-mundo. Seu sofrimento é sua salvação. O outro, o potente, o nobre, o homem mais forte, é o cruel, o desprezível, o maldito, o eternamente reprovável, o culpado por disseminar o sofrimento. A ele é negado o esquecimento que liberta para o novo.

> Fechar temporariamente as portas e janelas da consciência; permanecer imperturbado pelo barulho e pela luta do nosso submundo de órgãos serviçais a cooperar e divergir; um pouco de sossego, um pouco de *tabula rasa da consciência*, para que novamente haja lugar para o novo, sobretudo para as funções e funcionários mais nobres, para o reger, prever, predeterminar (pois nosso organismo é disposto hierarquicamente) — eis a utilidade do esquecimento, ativo, como disse, espécie de guardião da porta, de zelador da ordem psíquica, da paz, da etiqueta: com o que logo se vê que não poderia haver felicidade, jovialidade, esperança, orgulho, *presente*, sem o esquecimento. O homem no qual esse apare-

---

291. NIETZSCHE, F. W. *A Genealogia da Moral.* Op. Cit., p. 22.
292. Ibidem, p. 31.

lho inibidor deixa de funcionar pode ser comparado (e não só comparado) a um dispéptico — de nada consegue dar conta.[293]

"Má consciência" e "culpa" são duas expressões representativas do sofrimento típico judaico-cristão, que tem a culpa como causa e justificação. Na má consciência, a culpabilidade volta-se para dentro, na forma de interioridade que reflete sobre os próprios atos. O indivíduo, então se recrimina e sofre continuamente ao pensar "eu sou causador de sofrimento, é minha a culpa". No ressentimento, por sua vez, a força reativa dirige-se para fora, na forma de acusação, dizendo "eu sofro por sua culpa".[294]

A culpa atribui significados ao sofrimento na medida em que apresenta arranjos de mundo que têm como fundamento a crença na transcendência do além-mundo. Se o sofrimento faz parte da vida na Terra, a expiação da culpa garantirá a vida eterna. A criação de um mundo sobrenatural fornece explicações que atenuam a dor ao mesmo tempo em que garante a subserviência. Também o ressentimento está na base da má consciência, antes dela voltar-se para dentro. É a revolta do homem que por ter-lhe sido negada a reação ao sujeitamento imposto pelo nobre, compensa-se mediante uma vingança imaginária. Não sabendo afirmar-se, o vencido nega o vencedor e só consegue existir negando o que está fora dele, o que lhe é diferente.

O homem ressentido precisa de um estímulo externo que o leve a agir, uma vez que seu ponto de vista está sempre voltado para fora, para o outro que ele nega, de maneira a que só assim consegue posicionar-se na existência. Está sempre em busca de um mundo externo que lhe parece hostil, que possa negar e, assim, construir sua

---

293. Ibidem, p. 43.

294 Sobre essa temática, consultar: GIACÓIA JÚNIOR, Oswaldo. *Nietzsche como Psicólogo*. Op. Cit.

própria existência. Esta a lógica da ação dos impotentes, dos fracos, que apenas desejam destruir aqueles que agem, assumindo atitudes acusadoras e depreciativas: sendo ele o bom e seus inimigos os maus, é necessário convencer-se disso constantemente, enaltecendo a própria fraqueza que ele alardeia, equivocadamente, como sendo força.

> Enquanto toda moral nobre nasce de um triunfante Sim a si mesma, já de início a moral escrava diz Não a um "fora", um "outro", um "não-eu" — e *este* Não é seu ato criador. Esta inversão do olhar que estabelece valores — esse necessário dirigir-se para fora, em vez de voltar-se para si — é algo próprio do ressentimento: a moral escrava sempre requer, para nascer, um mundo oposto e exterior, para poder agir em absoluto – sua ação é no fundo reação. O contrário sucede ao modo de valoração nobre: ele age e cresce espontaneamente, busca seu oposto apenas para dizer Sim a si mesmo ainda com maior júbilo e gratidão.[295]

Assim, é característica do fraco ostentar a própria fraqueza como se a tivesse escolhido, como se ela fosse uma marca distintiva de dignidade, um mérito a ser reverenciado, pois voluntariamente conquistado.

Na solidão, o criador é alvo de acusação. "Todo isolamento é culpa: assim fala o rebanho"[296]. E o suplício do *pathós* da consciência culpada torna-se a doença desagregadora das forças do homem no irrecusável caminho que o criador deve percorrer para encontrar a si mesmo e adquirir domínio de si.

Vale lembrar que Nietzsche aborda a questão da doença e da saúde também no âmbito da teoria das forças e da vontade de potência em relação com a *décadence*. O corpo é uma configuração formada por um complexo de múltiplas energias organizadas hierar-

---

295. NIETZSCHE, F. W. *Assim Falava Zaratustra*. Op. Cit., p. 26.
296. Ibidem, p. 59.

quicamente. A doença, é o estado corporal caracterizado pela desagregação das energias em consequência de sua incapacidade para organizar, afirmativamente, a multiplicidades de forças que o compõe. Por sua vez, a saúde é o estado caracterizado pela organização afirmativa para a vida dos impulsos fisiopsicológicos e a posse de traços psicológicos que conduzam o corpo no sentido da afirmação da existência.[297]

Assim, a doença e saúde estão implicadas na construção de um tipo superior de homem. Toda elevação do homem ocorre em consonância com o aumento das forças fortes e de sua capacidade corporal para organizar-se afirmativamente. Ser capaz de hierarquizar a complexidade de impulsos, por meio do domínio de si, ou seja, de uma saúde conquistada, é condição de existência do homem superior e, ao mesmo tempo, prerrogativa de sua atuação como criador de novas realidades pela criação de novos significados e valores. "Os instintos querem fazer o papel de tirano; deve-se inventar um contratirano que seja mais forte"[298]. Contra aquilo que faz adoecer se faz necessária uma estratégia de cura, que leve ao restabelecimento e manutenção da saúde do corpo.

Quando adoecido, o corpo tem seu instinto de luta comprometido, não lhe sendo possível o combate, uma vez que o esforço seria demasiado. Para ilustrar o que considera ser o melhor modo de proceder, Nietzsche toma como exemplo o que chama de "fatalismo russo": não mais reagir, não mais gastar as forças exíguas, reservando-as para o mais essencial.

---

297. Para saber mais: AZEVEDO, Verônica Pacheco de Oliveira. *Nietzsche: a grande saúde e o sentido trágico da vida*. In: Cadernos Nietzsche. Disponível na Internet em: http://gen-grupodeestudosnietzsche.net/wp-content/uploads/2018/05/CN_28 _249_261_artigo_9.pdf. Acessado em: 15 jan. 2020.
298. NIETZSCHE, Friedrich. *Crespúsculo dos Ídolos*. São Paulo: Companhia das Letras, 2006, p. 21.

> Estar doente é em si uma forma de ressentimento. — Contra
> isso o doente tem apenas um grande remédio — eu o chamo de
> fatalismo russo, aquele fatalismo sem revolta, com o qual o
> soldado russo para quem a campanha torna-se muito dura
> finalmente deita-se na neve. Absolutamente nada mais em si
> aceitar, acolher, engolir — nada mais reagir absolutamente... A
> grande sensatez desse fatalismo, que nem sempre é coragem
> para a morte mas conservação da vida nas circunstâncias vitais
> mais perigosas, é a diminuição do metabolismo, seu retar-
> damento, uma espécie de vontade de hibernação. Alguns passos
> adiante nessa lógica e temos o faquir que durante semanas
> dorme em um túmulo... Porque nos consumiríamos muito
> rapidamente se reagíssemos, não reagimos mais: essa é a
> lógica.[299]

Quando a batalha se apresenta como um esforço para além de suas forças, o soldado é obrigado a simplesmente deitar-se na neve, sem amarguras, sem revolta, esperar que a sua reserva de forças seja recarregada, vendo nesse ato uma fatalidade a se entregar e não a combater. Às vezes, tudo o que há a fazer diante de circunstâncias muito difíceis, é guardar as energias que ainda se possui, fazendo uma espécie de "hibernação", para que não venha a ocorrer o consumo total da vitalidade do indivíduo. Esse fatalismo sem revolta pode preservar a vida quando ela se encontra em situação de perigo extremo.

Porém, aceitar a fatalidade, ao mesmo tempo investindo nela a própria vontade, ao não se permitir ser consumido pelo rancor e pelo anseio por vingança, não significa entregar-se ao inimigo. "Uma vontade nova ensino aos homens: querer esse caminho que o homem palmilhou às cegas e declará-lo bom e não mais afastar-se sorrateiramente dele, como fazem os enfermos e moribundos!"[300]. No momento em que a força reaparece, novamente potente, o combatente deve se lançar à luta. Trata-se não de resignar-se ou

---

299. NIETZSCHE, F. W. *Ecce Homo*. Op. Cit., p. 28.
300. NIETZSCHE, F. W. *Assim Falava Zaratustra*. Op. Cit. p. 31.

conformar-se, mas de colocar-se em posição subjetiva de se deixar ser atravessado pelas forças do conhecimento, sabendo ser preciso negociar com o real, abrindo-se para as mudanças de perspectiva, tornando-se o senhor do próprio equlíbrio e bem-estar.[301]

3.3 Uma Nova Aristocracia: o Cultivo de Si e os Filósofos do Futuro

Capaz de profunda reverência, marcado pelo *pathos* da distância, tendo em si as forças superiores daqueles que tendo lutado muitas batalhas enfrentaram a dor e o sofrimento e se entregaram à fatalidade mais de uma vez, o criador de novos valores é o forte que imprimi suas mãos "nos milênios como se fosse cera"[302].

Embora seja possível pensar que certos seres não disponham, em suas configurações energéticas, das forças superiores, características dos bárbaros antigos, também é possível que portadores dessas forças, ocasionalmente vencidos "em batalha", tenham entrado, concientemente ou não, em processo de restabe-lecimento de suas energias, colocando-se em "hibernação" e assim perma-necendo até o surgimento de possibilidade real de voltar a sobressair-se[303]. Assim, os exemplos do soldado russo e do faquir podem ser equiparados à situação de qualquer homem superior colocado em situação de suspensão devido à ocorrência de forças que momen-taneamente excederam as suas próprias. Uma vez resta-belecidas suas forças, o criador de novos valores não pode prescindir do "cultivo de si".[304]

---

301. Ibidem, p. 82.
302. Ibidem, p. 205.
303. Lembremos os casos de suspensão por criogenia.
304 Neste ponto cabe uma menção a Baruch de Spninoza (1632 –1677), que em sua *Ética* afirma que aquilo que provoca a doença e aniquila o corpo o atinge de fora, pois sua própria natureza é de perseverar na existência. — Cf. SPINOZA, Baruch. *Ética*. São Paulo: Autência, 2009.

As primeiras menções a um projeto educativo nietzschiano aparecem nas obras da juventude, nas *Extemporâneas*, com vista à formação adequada de indivíduos pertencentes a uma "aristocracia inata do espírito", mais tarde, no fragmento póstumo 5[25] da primavera/verão de 1875, Nietzsche sugere que a perspectiva da educação é demasiadamente limitada, devendo ser ampliada pela perspectiva do cultivo (*Züchtung*).

No contexto da domesticação, referindo-se ao processo de criação/cultivo, Nietzsche considera que um criador acaba por agir sobre as condições de vida dos corpos orgânicos. É, portanto, possível considerar que, a princípio, não há diferença entre a *Züchtung* de um animal e a educação de um homem.

O cultivo, proposto por Nietzsche se opõe ao mero amansamento dos instintos selvagens, conforme realizado pela moral cristã ao longo da Idade Média, pois este interiorizou os instintos, o que acabou por transformar o homem em um animal doente[305].

No aforismo 111 de *A Gaia Ciência*, Nietzsche sugere que as estruturas lógicas da cognição humana, quando em estado de natureza, foram cultivadas de modo seletivo, na medida em que confeririam condições de sobrevivência e reprodução[306].

> [...] a tendência predominante de tratar o que é semelhante como igual — uma tendência ilógica, pois nada é realmente igual — foi o que criou todo o fundamento para a lógica. Do mesmo modo, para que surgisse o conceito de substância, que é indispensável para a lógica, embora, no sentido mais rigoroso, nada lhe corresponda de real — por muito tempo foi preciso que o que há de mutável nas coisas não fosse visto nem sentido; os seres que não viam exatamente tinham vantagem sobre aqueles que viam tudo em "fluxo". Todo elevado grau de cautela ao inferior, toda propensão cética, já

---

305. Cf. FREZZATTI JÚNIOR, Wilson Antonio. *Nietzsche Contra Darwin*. Op. Cit.
306. Cf. NIETZSCHE, F. W. *A Gaia Ciência*. Op. Cit.

constitui em si um grande perigo para a vida. Nenhum ser vivo teria se conservado, caso a tendência oposta de afirmar antes de adiar o julgamento, de errar e inventar antes que guardar, de assentir antes de negar, de julgar antes que ser justo — não tivesse sido cultivada com extraordinária força.[307]

Quando em estado de natureza, durante muito tempo o homem limitou-se a perceber o mundo de acordo com o que favorecia sua própria sobrevivência em meio ao ambiente hostil, palco de inúmeros perigos. No início da segunda dissertação de *Genealogia da Moral*, a hipótese de que o homem (enquanto animal que "pode fazer promessas") seria produto de um cultivo da natureza se refere a um processo sócio-cultural inconsciente, em parte hereditário, que Nietzsche chama de "trabalho pré-histórico" da humanidade.

> A tarefa de criar um animal capaz de fazer promessas, já percebemos, trás consigo, como condição e preparação, a tarefa mais imediata de tornar o homem até certo ponto necessário, uniforme, igual entre iguais, constante e portanto confiável. O imenso trabalho daquilo que denominei "moralidade do costume" [...] — o autêntico trabalho do homem em si próprio, durante o período mais longo de sua existência, todo esse trabalho *pré-histórico* encontra nisso seu sentido, sua justificação, não obstante o que nele também haja de tirania, dureza, estupidez e idiotismo: com ajuda da moralidade do costume e da camisa de força social, o homem foi realmente tornado confiável.[308]

Abandonando a vida selvagem para viver em sociedade, o homem passa a domesticar seus instintos de maneira a tornar possível sua convivência junto a outros. Submete-se, portanto, a códigos de comportamento. Surgem, então formas primitivas de moral, que nada mais são do que modos de supostamente "melhorar" o homem.

307. NIETZSCHE, F. W. *A Genealogia da Moral*. Op. Cit. p. 130.
308. Ibidem, p. 44.

Sempre se quis "melhorar" os homens: sobretudo a isso chamava-se moral. Mas sob a mesma palavra se escondem as tendências mais diversas. Tanto o *amansamento* da besta-homem como o *cultivo* de uma determinada espécie de homem foram chamados de "melhora": somente esses termos zoológicos exprimem realidades — realidades, é certo, das quais o típico "melhorador", o sacerdote, nada sabe — nada *quer* saber... [...] Na Alta Idade Média, quando, de fato, a Igreja era sobretudo uma *menagerie,* os mais belos exemplares da "besta loura" eram caçados em toda parte — foram "melhorados", por exemplo, os nobres germanos. Mas, que aparência tinha depois esse germano "melhorado", conquistado para o claustro? A de uma caricatura de homem, de um aborto: tornara-se um "pecador", estava numa jaula, tinham-no encerrado entre conceitos terríveis... Ali jazia ele, doente, miserável, malevolente consigo mesmo; cheio de ódio para com os impulsos à vida, cheio de suspeita de tudo o que ainda era forte e feliz. Em suma, um "cristão"... Em termos fisiológicos: na luta contra a besta, tornar doente pode ser o único meio de enfraquecê-la. Isso compreendeu a Igreja: ela *estragou* o ser humano, ela o debilitou — mas reivindicou tê-lo "melhorado"..[309]

Traço essencial da cultura ocidental, o dualismo de mundos (um mundo "real", na Terra, e outro sobrenatural, no além) foi invenção do pensar metafísico e fabulação da religião cristã. Desvalorizando o mundo objetivo em nome de outro essencial, imutável e eterno, a moral platônica-judaica-cristã é niilista em seus fundamentos. Se foi no mundo suprassensível que os valores, até então encontraram legitimidade, é preciso agora suprimir as bases a partir das quais eles foram colocados para, então, engendrar novos valores e, a partir deles, uma nova ciência.

Se outrora o homem, enquanto criatura em relação a um Criador, dava sentido ao que o cercava, agora ele não passa de ponte para o que virá depois dele. Diante da ameaça de *décadence*, o

309. NIETZSCHE, Friedrich. *Crespúsculo dos Ídolos.* Op. Cit., p. 51.

homem superior, restabelecido ou restabelecendo-se da luta por libertar-se, deve assumir consigo mesmo o compromisso de cultivar-se, indiretamente contribuindo para o surgimento de uma nova aristocracia em que, os novos nobres, a partir da singularidade de sua própria e autêntica vontade, assumam a criação do futuro da humanidade, estabelecendo novas concepções do que é bom e ruim, tendo sempre como propósito a afirmação da vida em ascensão, pois ele sempre será impelido para o ser humano por sua " fervorosa vontade de criar", como "o martelo é impelido para a pedra"[310]. Notamos que embora tenha declaradi não ser sua ntenção "melhorar a espécie", Nietzsche não pode espacar das consequências do "cultivo de si" levado a cabo por um maior número de indivíduos.

Ao tornar-se solitário e recusar a herança que lhe coube como parte do rebanho, adentrando o caminho das três metamorfoses, o criador de novos valores passa a adquirir uma outra visão do espaço objetivo. A partir de explicações irracionais, ele ilumina o mistério do que paira como oculto. Tempo, devir, transitoriedade devem se tornar princípios fundamentais. O conhecimento por ele gerado deve ser inocente, obedecendo apenas ao seu livre querer, que lhe proporciona o prazer de gerar o vir a ser da vontade.

> E quem tem de ser um criador no bem e no mal: em verdade, tem de ser um destruidor e despedaçar valores. [...] o mal supremo é parte do bem supremo [...] E que se despedace tudo o que, de encontro a nossas verdades, possa — despedaçar-se! Ainda há muitas casas por construir![311]

Tal engenho consiste em "redimir criadoramente" o passado no homem, ressignificando-o, pois "tal como o sol no princípio da noite, continuamente se desfaz de sua inesgotável riqueza e a derra-

---

310. NIETZSCHE, F. W. *Assim Falava Zaratustra*. Op. Cit., p. 82.
311. NIETZSCHE, F. W. *A Gaia Ciência*. Op. Cit., p. 111.

ma no mar, e que, tal como ele, só vem a se sentir verdadeiramente rico quanto até o mais pobre pescador pode remar com *remos de ouro*"[312]. E o passado não é o ontem, e sim o mais distante, o longínquo, o lembrado por homens nobres. Por isso,

> [...] é necessário uma *nova nobreza,* que seja inimiga de toda plebe e toda tirania e novamente escreva a palavra 'nobre' em novas tábuas. [...] Não de onde vindes farei que seja vossa honra, mas aonde ireis! Vossa vontade e vosso pé, que deseja ir além de vós mesmos — seja isso vossa nova honra!
> Não, em verdade, que tenhais servido a um príncipe — que importam ainda os príncipes! [...] *A terra de vossos filhos* deveis amar: seja esse amor vossa nova nobreza — a terra ainda não descoberta, no mais longínquo mar! É essa que ordeno a vossas velas que busquem![313]

Para Nietzsche, o além-do-homem deve colocar-se além do bem e do mal, ou seja, entender que não há bom e mau absoluto, seja moral ou natural, não devendo, portanto, haver luta para dar vitória a um e aniquilar o outro definitivamente. Conflitos e sofrimentos são inevitáveis e também são caminhos para a superação de si. Vida e vida plena é o propósito que se deve abraçar, a "transmutação dos valores" é a ferramenta para que seja alcançada a superação de si. Assim, ressalta-se, a felicidade não deve ser considerada melhor do que o sofrimento, e pensar o contrário indica um erro de julgamento. É preciso identificar o "bom" no "mau", transvalorando.

"Tornar-se quem se é" significa ser um dos "novos, únicos, incomparáveis, que dão leis a si mesmos, que criam a si mesmos!"[314]. Cada indivíduo é único no tempo e no espaço. Sendo ele um além-do-homem, é um ser em processo permanente de reconstrução de si,

---

312. Ibidem, p. 201.
313. NIETZSCHE, F. W. *Assim Falava Zaratustra.* Op. Cit., p. 195.
314. NIETZSCHE, F. W. *A Gaia Ciência.* Op. Cit., p. 199.

pois reorganiza suas energias vitais ao mesmo tempo em que cria novos significados. Temos, então um processo de aquisição de conhecimentos, um conscientizar-se de si mesmo e sobre o mundo, que só é possível enquanto processo de aprendizagem, ou seja, de cultivar-se pela formação de si, para tornar-se quem se é, pois:

> [...] temos que nos tornar os melhores aprendizes e descobridores de tudo o que é normativo e necessário no mundo: temos de ser físicos, para podermos ser *criadores* nesse sentido — enquanto até agora todos os ideais e valorações foram construídos com base na ignorância da física ou em contradição a ela. Portanto: Viva a física! E viva sobretudo ao que ela nos compele — nossa retidão![315]

Em *Além do Bem e do Mal*, Nietzsche caracteriza a "filosofia do futuro" como uma experiência de cultivo, que deverá determinar o que se pode fazer do homem ao cultivá-lo. Isso supõe reunir as condições culturais que permitirão à "planta homem" crescer com maior vigor, entre elas a atenção voltada ao corpo, aos sentidos, ao que se tem de mais individual e autêntico em cada ser[316].

> Ensinar ao homem o futuro do homem como sua *vontade*, dependente de uma vontade humana, e preparar grandes empresas e tentativas globais de disciplinação e cultivo, para desse modo pôr um fim a esse pavoroso domínio do acaso e do absurdo que até o momento se chamou "história" [...] para isso será necessária, algum dia, uma nova espécie de filósofos e comandantes, em vista dos quais tudo o que já houve de espíritos ocultos, terríveis, benévolos, parecerá pálido e mirrado. É a imagem de tais líderes que paira diante de nossos olhos [...] As circunstâncias que deveriam ser em parte criadas, em parte utilizadas para o seu surgimento, os presumíveis caminhos e testes, em virtude dos quais uma alma poderia crescer a uma altura e força tal que sentisse a *obrigação* dessas tarefas; uma transvaloração dos valores,

---

315. Idem. Idem.
316. Cf. NIETZSCHE, F. W. *Além do Bem e do Mal*. Op. Cit.

sobre cuja nova pressão e novo martelo uma consciência se tornaria brônzea, um coração se faria de aço, de modo a suportar o peso de uma tal responsabilidade; por outro lado, a necessidade de tais líderes, o apavorante perigo de que possam faltar, malograr ou degenerar — estes são *nossos* cuidados e preocupações.[317]

Crítico dos valores sustentados por filósofos de sua época, especialmente do ideal de "felicidade geral para todos", Nietzsche entendeu que uma filosofia para além do bem e do mal só poderia ser obra de filósofos a surgirem no futuro, homens não dogmáticos que, embora amantes de suas "verdades" compreenderiam que elas não são para todos.[318]

Tal posicionamento se explica: Nietzsche, conforme suas investigações genealógicas, acreditava que a "felicidade para todos" se constituía como estratégia do rebanho para dominar os homens fortes, enquanto o conflito, a periculosidade, as condições adversas, mais suportáveis pelos fortes, seriam elementos indispensáveis ao crescimento da "planta homem".

O esforço aplicado à destruição e construção de novos valores, de educar-se continuamente e construir uma nova ciência só é possível a partir da adoção de novos propósitos, pois

> [...] nós, rebentos prematuros de um futuro ainda não provado, nós necessitamos para um novo fim, também de um novo meio, ou seja, de uma nova saúde, mais forte, alerta, alegre, firme, audaz que todas as saúdes até agora. [...] aquele que quer, mediante as aventuras da vivência mais sua, saber como se sente um descobridor conquistador do ideal, e também um artista, um santo, um legislador, um sábio, um erudito, um devoto, um adivinho, um divino excêntrico de

---

317. NIETZSCHE, F. W. *Além do Bem e do Mal*. Op. Cit., p. 91.
318. Ibidem, p. 44.

outrora: para isso necessita mais e antes de tudo de uma coisa, a *grande saúde*.[319]

Todo o esforço de aperfeiçoamento humano realizado, tomando-se a moral cristã como parâmetro de valor, é um mal-entendido. A ciência moderna é, ela mesma, uma doença. Aplicada à promoção da saúde dos corpos e criada a partir da epistemologia cristã, tornou-se instrumento de controle que perverte os instintos. A nova saúde[320] que Nietzsche almeja é aquela promovida por uma ciência "natural" dominada por um "instinto de vida", produto e pro-motora de existências autênticas e plenas.

---

319. NIETZSCHE, F. W. *A Gaia Ciência*. Op. Cit., p. 259.

320. A partir de sua própria condição, Nietzsche refletiu filosoficamente sobre a relação entre "saúde" e "doença". Compreendeu o corpo como um complexo fisio-psicológico, formado por um conjunto de energias dinâmicas. Para o filósofo alemão, na "doença", verifica-se a desagregação dos impulsos, a incapacidade corporal para organizar-se e impor-se uma orientação. Na "saúde", ou "grande saúde", ocorre o oposto, ou seja, o corpo é capaz de organizar seus impulsos fisiopsicológicos hierar-quicamente, orientando-os de acordo com sua vontade de potência.

CONSIDERAÇÕES FINAIS

Não está na capacidade de nenhum autor, por mais objetivos que sejam seus textos, exercer completo domínio sobre a imaginação de seus leitores. Nietzsche pode ser culpado, no máximo, por não ter tido a objetividade entre suas prioridades. Mas, se assim não fosse, que filósofo teria sido ele? Sua filosofia sugestionou a imaginação de Max More e outros transumanistas? Tudo indica que sim. E Nietzsche seria um transumanista? Definitivamente não. Antes de qualquer coisa porque a missão que ele escolheu para si foi a de destruir ídolos. Não seria ele próprio, portanto, seguidor de doutrinas, de dogmas, de ideologias e ou de uma filosofia que as contenha minimamente. Nietzsche seria simpatizante de algumas das causas defendidas pelo transumanismo? É possível, pois ele desejava que sua própria filosofia fosse um ponto de partida para novas criações e o transumanismo é uma construção em progresso. De qualquer forma, não se deve ignorar a crítica ao pensamento binário (esse vício tão presente de pensar apenas em termos de ou isso, ou aquilo), propondo novas soluções binárias. Nossa percepção de mundo deve ser abrangente o suficiente para compreender que nem sempre adotar uma opção exige que se exclua outra.

Na segunda metade do século XIX, Nietzsche legou à

posteridade uma filosofia com ambições extemporâneas, crítica a um tipo de ciência nascida no século XVII, que ele julgava ter como fundamento a tradição platônica-judaico-cristã, negadora da natureza pulsional e instintiva humana. Mais tarde, ao longo dos séculos XIX e XX, despontou uma tendência filosófica eminen-temente inspirada pelos produtos da ciência que Nietzsche negara. No século XXI, a filosofia transumanista caminha de braços dados com uma ciência utilitarista, subserviente aos interesses da indústria, da lucratividade e do acúmulo financeiro, distante, por-tanto, do ideal de conhecer-se e de moldar o mundo a partir da própria vontade, da autenticidade de indivíduos libertos dos ditames social-mente estabelecidos.

Verificamos que Nietzsche coloca sob suspeita também aspectos importantes da física, na qual ele mesmo buscou inspiração para desenvolver sua teoria das forças. Em seu entender, apoiada na linguagem e nos sentidos, na evidência e na tangibilidade, a física é um modo de dispor o mundo, uma interpretação que também deve esclarecer a si mesma[321]. Assim, também a energética nietzschiana, enquanto hipótese geral de interpretação da existência, não está a salvo de questionamentos. Pelo contrário, Nietzsche se preocupou em incentivá-los. Afinal, como ele mesmo registrou em seus escritos, não dese-java seguidores e sim inspirar novos criadores, conscientes, críticos e autocríticos. As polêmicas envolvendo seu pensamento, portanto são inevitáveis e mesmo desejáveis.

Tomar decisões, fazer escolhas que influenciam o presente e o futuro da humanidade, são ações que envolvem questões políticas,

---

321. "Começa a despontar em cinco, seis cérebros, talvez, a ideia de que também a física é uma interpretação e disposição do mundo (nisso nos acompanhando, permitam lembrar!) e não uma explicação do mundo: porém, na medida em que se apoia na crença nos sentidos, ela passa, e deverá passar durante muito tempo, por algo mais, isto é, por explicação." — Cf. NIETZSCHE, F. W. *Além do Bem e do Mal.* Op. Cit., pp. 19-20.

econômicas, religiosas e morais complexas, além de científicas e tecnológicas. Nietzsche certamente insistiria tratar-se de atividades cabíveis a homens superiores, conquistadores do direito de legislar devido ao caminho trilhado para tornarem-se aptos. Os manifestos de Vita-More e Bostrom demonstram que os transumanistas, apesar de cientificistas — com todos os preconceitos que o cientificismo comporta —, não deixam de ter consciência da complexidade das questões envolvidas no avanço tecnocientífico e nem dos riscos. A filosofia nietzschiana por sua vez, ainda é fonte de conhecimentos que podem ajudar a pensar as problemáticas envolvidas. Quanto a isso há de se concordar com Sorgner — a filosofia nietzschiana pode ajudar a aperfeiçoar as ideias transumanistas. Pesquisas futuras podem abordar possíveis contribuições nietzschianas em perspectiva educativa, política, ética e psicológica. A polêmica desencadeada por Sorgner, é indicativa, ela mesma, do potencial da contribuição nietzschiana para fazer pensar temas transumanistas[322].

No que diz respeito, especificamente, à melhoria do humano, Nietzsche não desejava melhorar o homem por meio de recursos tecnocientíficos, e sim promover o cultivo de um tipo de homem superior, capaz de enfrentar o sofrimento e a dor e, mais do que aceitar a vida como ela é, desejá-la com todos os seus infortúnios, mudando seu modo de posicionar-se no mundo para viver de forma sempre afirmativa. Esse homem, permanentemente de braços abertos para a vida e para tudo o que ela lhe destina, acolhe os conflitos, pois eles são condição de realização e expansão de sua vontade de potência. Desta forma, aniquilar diferenças implica negar conflitos, sem o qual não há expansão, apenas conservação e deca-

---

322. Para saber mais, consultar: TUNCEL (Org.), Yunus. *Nietzsche and Transhumanism: precursor or enemy?* 1. ed. Newcastle: Cambridge Scholars Publishing, 2017. 295p.

dência. Nesta perspectiva, são refutadas quaisquer simpatias de Nietzsche pela eugenia — a qual, por sua vez, tem ligações mais diretas com o transumanismo e a concepção de melhoria do humano.

O pensamento eugenista, por sua vez, embora sistematizado por Galton a partir de influência malthusiana e darwinista, não é uma expressão tipicamente britânica. Há indícios de raízes do modo de pensar básico eugenista mesmo na antiguidade, entre povos que eliminavam seus doentes, deficientes e ou inimigos[323]. O horror que o eugenismo provoca hoje diz respeito à sua relação com o holocausto; à sua imposição como expressão de poder e forma de controle de alguns sobre muitos; à agressão dolorosa e inominável contra a vida, ocorrida nos campos de concentração nazistas.

Por outro lado, a assimilação das práticas de melhoria do humano pela ciência e a sua camuflagem como ideal de beleza, saúde e longevidade são aceitas e até desejadas, de modo geral, pela sociedade. Ambas as reações às práticas eugênicas — horror e aceitação —, têm em comum a ausência de esclarecimento. Faltou esclarecimento o suficiente, que evitasse a instalação de regimes políticos totalitários na Europa e o uso que eles fizeram da eugenia; falta esclarecimento no século XXI quanto às origens, motivações políticas e econômicas envolvidas na adoção das práticas tecno-científicas de alteração e controle dos corpos.

A progressão histórica e a mudança de contexto geral, que podem depor contra a glorificação do poder da "besta humana", como a denomina Nietzsche — já não seria tempo de as energias vitais fortes serem canalizadas para atividades favorecedoras da vida, mais de acordo com um mundo material e tecnológico em que as

---

323. Cf. BOSTROM, Nick. *A History of Transhumanist Throught.* Disponível em: http://www.nickbostrom. com/papers/history.pdf /. Acesso em: 24 abr. 2018.

formas de expressões primárias de força não são necessária? — exigem que as informações sobre os elementos envolvidos nas reflexões para a elaboração de uma filosofia para o futuro não sejam acessível a uns poucos, uma vez que o esclarecimento da sociedade quanto aos produtos tecnocientíficos, as mudanças provocadas por seu uso e os possíveis riscos envolvidos, é desejável e, talvez agora, condição de sobrevivência da espécie.

Consequência lógica da concepção nietzschiana do fatalismo russo é que estar fraco (decadente) não é o mesmo que ser fraco. Se a superioridade numérica do fraco é indicativo de derrota do forte, há de se considerar que, em um ambiente social construído pela cultura dos decadentes, mas vizinha à singularidade das máquinas, somente uma filosofia que favoreça o despertar e o cultivo das forças vitais fortes, pautada pelo propósito de favorecer a vida, pode impedir que nada mais reste, nem decadentes transumanos e nem hibernantes homens superiores.

Ao longo dos séculos, o homem transitou de um ambiente primitivo e rústico de luta pela vida, em que a sujeição dos fracos pelos fortes era condição de sobrevivência, para o atual contexto em que o trabalho pode ser abolido pelas máquinas, a conquista de territórios extraterrestres é uma possibilidade concreta e os modos de efetivação das forças pode ultrapassar as tradicionais concepções binárias — de domínio e sujeição, destruição e criação — por meio de novas formas de pensar e de organizar-se socialmente que, inclusive, podem vir a dar suporte a um novo modo de fazer ciência.

Em nenhum outro momento histórico a informação circulou de forma tão rápida e esteve tão acessível, nunca antes as possibilidades de seleção das características humanas e de controle sobre as vontades estiveram tão disponíveis. Se um transumanismo ativo — no sentido de incentivar e requerer o desenvolvimento tecnocientífico para a transformação humana — é questionável, tal reserva não se justifica com relação a um transumanismo reativo e pró-ativo, que aposte no esclarecimento e na intervenção por meio da criação de dispositivos legais que sejam, eles mesmos, os produtos das decisões humanas esclarecidas e em permanente processo de esclarecimento e aperfeiçoamento, de valorização e transvaloração. Consideremos, a título de exemplo, a urgência do empenho de neuro-cientistas em garantir instrumentos legais que proíbam a manipu-lação do cérebro humano por empresas de tecnologia digital[324].

Por meio de seu personagem Zaratustra, Nietzsche anunciou não ser capaz de encontrar homens do tipo superior entre os pensadores de seu tempo. Para ele, os filósofos mais aptos a contri-buir para o cultivo de homens superiores e para o nascimento do além-do-homem (ou do super-homem, conforme se prefira deno-minar) só viriam a surgir futuramente. Nos dias de hoje, o tipo supe-rior de homem — tendo se transformado por meio de uma mudança de perspectiva de pensamento que o leva a desenvolver uma nova subjetividade — deve estar apto a cultivar-se, cultivando seu "jardim", tendo se tornado quem realmente é e um "espírito livre", deve ser o filósofo capaz de legislar para o futuro, como "herdeiro de toda nobreza do espírito passado, herdeiro com obrigações, o mais aristocrático de todos os velhos nobres e também o primogênito de uma nova aristocracia"[325]. A ruptura com o modo tradicional de fazer ciência, e mesmo com o tradicional modo de pensar e de viver ocidental, é o desafio que o filósofo transumanista deve enfrentar

---

324. SALAS, Javier. *Por que é preciso proibir que manipulem nosso cérebro antes que isso seja possível.* Disponível em: https://brasil.elpais.com/ciencia/2020-02-13/por-que-e-preciso-proibir-que-manipulem-nosso-cerebro-antes-que-isso-seja-possivel.html. Acesso em: 13 fev. 2020.
325. NIETZSCHE, F. W. *A Gaia Ciência.* Op. Cit., p. 201.

para construir novos valores e novos propósitos, transformando-se, finalmente, no além-do-homem.

A cada indivíduo, portanto, cabe ter a consciência de que é preciso cultivar o próprio espírito, adquirir conhecimentos que levem a estar apto a discutir os rumos da humanidade e escolher o que fazer consigo mesmo, quais caminhos lhe convém, quais experiências realmente valem a pena ser vividas, o que se pretende deixar como legado para as próximas gerações.

REFERÊNCIAS

ANÔNIMO. *A Epopeia de Gilgamesh*. São Paulo: WMF Martins Fontes, 2011.

ARALDI, Clademir Luís. *Para Uma Caracterização do Niilismo na Obra Tardia de Nietzsche*. In: Cadernos Nietzsche. São Paulo: USP, 1998, vol. 5.

AZEVEDO, Verônica Pacheco de Oliveira. *Nietzsche: a grande saúde e o sentido trágico da vida*. In: Cadernos Nietzsche. Disponível na Internet em: http://gen-grupodeestudosnietzsche.net/wp-content/uploads/2018/05/CN_28_249_261_artigo_9.pdf. Acesso em: 15 jan. 2020.

BABICH. Babette. *Nietzsche's Post-Human Imperative: On the "All-too-Human" Dream of Transhumanism*. Disponível na Internet em: http://www.nietzschecircle.com/AGONIST/2011_08/Dream_of_Tr anshumanism.pdf. Acessado em 20 fev 2020.

BACON, Francis. Novun Organun. In: Os Pensadores. São Paulo: Abril, 1973, p. 270.

BATESON, William; MENDEL, Gregor. *Mendel's Principles of Heredity: a defence, with a translation of Mendel's original papers on hybridisation*. Cambridge: Cambridge University Press, 2009.

BLACKFORD, Russell. *Editorial: Nietzsche and European Posthu-*

manisms. Disponível na Internet em: https://jetpress.org/v21/black ford.pdf. Acessado em 20 fev 2020.

BENOIT, Lelita Oliveira de Rodriguez. *Comte: fundador da física social.* São Paulo: Moderna, 2002.

BIZZO, Nelio Marcos Vicenzo. *Eugenia: quando a Biologia faz falta ao cidadão.* In: Cadernos de Pesquisa. Faculdade de Educação. São Paulo: USP, 1995, n. 92, pp. 38-52.

BOSTROM, Nick. *A History of Transhumanist Throught. Disponível na Internet em:* http://jetpress. org/volume14/freitas.html. Acesso em: 24 abr. 2021.

BOSTROM, Nick. *Superinteligência: caminhos, perigos e estratégias para um novo mundo.* Rio de Janeiro: Darkside, 2018.

BOSTROM, Nick. *A History of Transhumanist Throught.* Disponível na Internet em: http://www.nickbostrom.com/papers/history.pdf. Acesso em: 24 abr. 2018.

BOSTROM, Nick. *Nick Bostrom's Home Page.* Disponível na Internet em: https://nickbostrom.com. Acesso em: 24. abr. 2018.

BOSTROM, Nick. *Transhumanist Values.* Disponível na Internet em: https://eclass.uoa.gr/modules/document/file.php/PPP566/Bostrom %20%2 0tranhsumanist%20Values.pdf. Acesso em: 24 abr. 2018.

BOSTROM (Org.), Nick.; SAVULESCU, Julian. *Human Enhancement.* New York. Oxford Press, 2009.

BOSTROM (Org.), Nick.; CIKOVIC, Milan. *Global Catastrophic Risks.* New York. Oxford Press, 2008.

CARVALHO, Alexey Dodsworth Magnavita. *Skyward, Ethics and Metaphysics of Transhumanism: a proposal.* Tese. Doutorado em Filosofia. Faculdade de Filosofia, Letras e Ciências Humanas. São Paulo: USP, 2019.

COMTE, Auguste. *Curso de Filosofia Política.* Trad. José Arthur

Gianotti. Col. Os Pensadores. São Paulo: Abril Cultura, 1988.

COMTE, Auguste. *Curso de Filosofia Positiva*. Col. Os Pensadores. Trad. José Arthur Giannotti e Miguel Lemos. São Paulo: Abril Cultural, 1978.

COMTE, Auguste. *Discurso Sobre o Espírito Positivo*. Trad. José Arthur Gianotti. Col. Os Pensadores. São Paulo: Abril Cultura, 1978.

COMTE-SPONVILLE, André. *Dicionário Filosófico*. São Paulo: Martins Fontes, 2003.

CONDORCET. *Quadro Histórico dos Progressos do Espírito Humano*. Campinas: Unicamp, 2013.

DANTE, Alighieri. *A Divina Comédia*. 12ª ed. Rio de Janeiro: Nova Fronteira, 2017, p. 402.

DARWIN, Charles. *A Origem das Espécies*. Belo Horizonte : Itatiaia, 2002.

DARWIN, Charles. *A Origem das Espécie*. São Paulo: Edipro, 2018.

DARWIN, Leonard. *The Need of Eugenic Reform*. London: John Murray, 1926.

DARWIN, Charles. *The descent of man, and selection in relation to sex*. United Kingdom: Princeton University Press, Chichester, West Sussex, 1981.

DEL CONT, Valdeir. *O controle de características genéticas humanas através da institucionalização de práticas socioculturais eugênicas*. In: Scientiae Zudia. São Paulo, 2013, v. 11, n. 3, p. 511-30.

DEL CONT, Valdeir. *Francis Galton: eugenia e hereditariedade*. In: Scientiae Zudia. São Paulo, 2008, v. 6, n. 2, p. 201-18.

DELLA MIRANDOLA, Giovanni Pico. *Discurso Sobre a Dignidade do Homem*. Lisboa: Edições 70, 2006.

DIAS, Rosa MARIA. *Nietzsche: educador da humanidade.* São Paulo: Scipione, 2003.

DIÉGUEZ, Antonio. *Tranhsumanismo: la búesqueda tecnológica del mejoramiento humano.* Barcelona: Herder, 2017.

DREXLER, Eric. *Engines of Creation.* Illinois: Anchor Books, 1987.

DREXLER, Eric. *Nanosystems: molecular machinery, manufacturing, and computation.* New Jersey: John Wiley & Sons, 1992.

EDELSON, Edward. *Gregor Mendel: and the roots of Genetics.* Oxford: Oxford University, 1999.

ELIADE, Mircea. *Ferreiros e Alquimistas.* São Paulo: Zahar, 1977.

ESFANDIARY, F. M. *Are you a Transhuman? Monitoring and Stimulating Your Personal Rate of Growth In a Rapidly Changing World.* New York. Warner Books, 1989.

ETTINGER, Robert. *The Prospect of Immortality.* Providence: Ria University Press, 2005.

FEYMAN, Richard. *There's Plenty of Room at the Bottom: an invitation to enter a new field of physics.* Disponível na Internet em: http://www.phy.pku.edu.cn/~qhcao/resources/class/QM/Feynman 's-Talk. pdf. Acesso em: 02 jul. 2019.

FREZZATTI JÚNIOR, Wilson Antonio. *Nietzsche Contra Darwin.* 2 ed. São Paulo: Loyola, 2014.

FREZZATTI JÚNIOR, Wilson Antonio. *A construção da oposição entre Lamarck e Darwin e a vinculação de Nietzsche ao eugenismo.* In: Scientiae Studia. São Paulo, 2011, v. 9, n. 4, pp. 791-820.

GALTON, Francis. *Hereditary Genius.* Disponível na Internet em: http://galton.org/books/hereditary-genius/text/pdf/galton-1869-ge nius-v4.pdf. Acesso em: 20 abr. 2019.

GALTON, Francis. *Hereditary Genius*. 2 ed. London: MacMillian and Co., 1892.

GALTON, Francis. *Restrictions in Marriage*. Disponível na Internet em: http://galton.org/essays/1900-1911/galton-1906-eugenics.pdf. Acessado em: 20 abr. 2019.

GIACÓIA JÚNIOR, Oswaldo. *Nietzsche & Para Além do Bem e do Mal*. São Paulo: Rio de Janeiro, 2005.

GIACÓIA JÚNIOR, Oswaldo. *Nietzsche Como Psicólogo*. Rio Grande do Sul: Unisinos, 2001.

GIANOTTI, José Arthur. *Conte: vida e obra*. In: Col. Os Pensadores. São Paulo: Abril Cultura, 1988, pp. V-XVI.

GORI, Pietro. *La visione dinamica del mondo: Nietzsche e la filosofia naturale di Boscovich*. Napoli: La città del sole, 2007.

GRAVES, Robert. *Os Mitos Gregos*. Rio de Janeiro: Nova Fronteira, 2018.

HALDANE, John. *Dédalus: ou a ciência e o futuro. Disponível na Internet em:* https://www.marxists.org/archive/haldane/works/192 0s/daeda lus.htm. Acesso em: 02 mai. 2019.

HARAWAY, Donna. *Manifesto Ciborgue*. In: Antropologia do ciborgue: as vertigens do pós-humano. Belo Horizonte: Autêntica Editora, 2009.

HASSAN, Ihab. *Prometheus as Performer: Toward a Posthumanist Culture?* The Georgia Review, 1977, n. 31, p. 830-850.

HAUSKELLE, Michael. *Nietzsche, the Overhuman and the Post-human: a reply to Stefan Sorgner*. Disponível na Internet em: https://jetpress.org/v21/hauskeller.pdf.

HEIDEGGER, Martin. *Ser e Tempo*. São Paulo: Vozes, 2014.

HEIDEGGER, Martin. *Nietzsche.* Rio de Janeiro: Forense Universitária, 2007, vol. II.

HEIDEGGER, Martin. *Carta Sobre El Humanismo.* Madrid: Alianza Editorial, 2006.

HIBBARD, Bill. *Nietzsche's Overhuman is an Ideal Whereas Posthumans Will be Real.* Disponível na Internet em: https://jet press.org/v21/hibbard.pdf. Acessado em 20 fev 2020.

HUMANITY+. *Transhumanist FAQ.* Disponível na Internet em: https://humani typlus.org/philosophy/transhumanist-faq. Acesso em: 24 abr. 2018.

HUXLEY, Julian. *Religião Sem Revelação.* Disponível na Internet em: https://archive.org.detais/in.ernet.dli.2015.90330/page/n5. Acesso em: 02 mai. 2019.

KEHL, Renato. *A Cura da Fealdade.* Rio de Janeiro: Livraria Francisco Alves, 1919.

KURZWEIL, Ray. *Como Criar uma Mente: os segredos do pensamento humano.* São Paulo: Aleph, 2014.

LA METTRIE, Julien Offray de. *L'Homme-Machine.* Arcueil: Numilog, 2001.

LA METTRIE, Julien-Offray de. *Obra Filosófica.* Menene Gras Balanguer (Org.). Madri: Editora Nacional, 1983.

LACERDA, Gustavo Biscaia de. *Auguste Comte e o "Positivismo" Redescoberto.* In: Revista de Sociologia Política. Curitiba, 2009, v. 17, n. 34, p. 319-343.

LAMARCK, J. B. *Philosophie Zoologique.* Paris: Flammarion, 1994.

LEITER, Brian. *O Materialismo de Nietzsche Reconsiderado.* In: Cadernos Nietzsche. São Paulo: USP-GEN, 2011, n. 29, pp. 77-126.

MAI, Lilian Denise; ANGERAMI, Emília Luigia Saporiti. *Eugenia negativa e positiva: significados e contradições*. In: Revista Latino-americana de Enfermagem. São Paulo: USP, 2006, março-abril, pp. 251-258.

MARTINS, Milene R.; NEVES, Marcos C.D.; GARDELLI, Daniel. *A Concepção de Força de Roger Boscovich*. Disponível na Internet em: http://periodicos.unespar.edu.br/index.php/ensinoe pesquisa/article/view/2563/1881. Acessado em: 20.06.2021.

MARTON, Scarlett. *Nietzsche: a Trasvaloração dos Valores*. 2 ed. São Paulo, Moderna, 2006.

MARTON, Scarlett. *Nietzsche: das forças cósmicas aos valores humanos*. São Paulo: Brasiliense, 1990.

MORE, Max. *The Overhuman in the Transhuman*. Disponível na Internet em: https://jetpress.org/v21/more.pdf. Acessado em 20 fev 2020.

MORE, Max. *Transhumanism: toward a futurist Philosophy*. Disponível na Internet em: http://fennetic.net/irc/extropy/ext6.pdf. Acesso em: 24 abr. 2018.

MORE, Max. *The Works of Strategic Philosopher Max More*. Disponível na Internet em: http://www.maxmore.com. Acesso em: 24 abr. 2018.

MORE, Max; VITA-MORE, Natasha. *The Transhumanist Reader: classical and contemporary essays on the science, technology, and philosophy of the human future*. New Jersey: Wiley-Blackwell, 2013.

NATURE. *Initial Sequencing and analysis of the human genome*. Macmillian Magazines, 2001, v. 409, pp. 861-921.

NIETZSCHE, F. W. *Assim Falava Zaratustra*. Tradução: Paulo César de Souza. São Paulo: Companhia das Letras, 2018.

NIETZSCHE, F. W. *A Gaia Ciência*. Tradução: Paulo César de Souza. São Paulo: Companhia das Letras, 2012.

NIETZSCHE, F. W. **A** Genealogia da Moral. Tradução: Paulo César de Souza. São Paulo: Companhia das Letras, 2009.

NIETZSCHE, F. W. *Ecce Homo*. Tradução: Paulo César de Souza. 1 ed. São Paulo: Companhia das Letras, 2008.

NIETZSCHE, F. W. *O Nascimento da Tragédia: ou helenismo e pessimismo*. Tradução: J. Guinsburg. São Paulo: Companhia das Letras, 2007.

NIETZSCHE, F. W. *Crepúsculo dos ídolos*. São Paulo: Companhia das Letras, 2006.

NIETZSCHE, F. W. *Além do Bem e do Mal*. Tradução: Paulo César de Souza. São Paulo: Companhia das Letras, 2005.

NIETZSCHE, F. W. *Humano, Demasiado Humano*. Tradução: Paulo César de Souza. São Paulo: Companhia das Letras, 2005.

NIETZSCHE, Friedrich. *Sämtliche Werke. Kritische Studienausgabe* [ksa]. Giorgio Colli *und* Mazzino Montinari (Org.). Munique: Walter de Gruyter, 1999.

NIETZSCHE, F. W. *Obras Incompletas*. Col. Os Pensadores. São Paulo: Abril Cultural, 1983.

NIETZSCHE, Friedrich. *The Will Power. Translation Walter Kaufmann and R. J. Hollingdale*. New York: Vintage Books, 1968.

PETRONIEVIC, Branislav. *Life of Roger Joseph Boscovich*. In: Boscovich S.J., Roger Joseph. *A Theory of Natural Philosophy*. Chicago/London: Open Court Publishing, 1922, pp. VII-IX.

PLATÃO. *Protágoras*. Trad. Daniel R. N. Lopes. São Paulo: Perspectiva, 2017.

RIBEIRO JÚNIOR, João. *Augusto Comte e o Positivismo*. Campinas: Edicamp, 2003.

SALAS, Javier. *Por que é preciso proibir que manipulem nosso cérebro antes que isso seja possível*. Disponível na Internet em: https://brasil.elpais.com/ciencia/2020-02-13/por-que-e-preciso-pro_bir-que-manipulem-nosso-cerebro-antes-que-isso-seja-possivel.html. Acesso em: 13 fev. 2020.

SAUDERS, J. B.; O'MALLEY, Charles D. *The Illustrations from the Works of Andreas Vesalius of Brussels*. Nova York: Dover Publications, 2013.

SHELLEY, Mary. *Frankstein, ou o Prometeu Moderno*. Rio de Janeiro: Dark Side Books, 2017.

SCHMITT, Juliana. *O Estudo das Danças Macabras Medievais: entre o visível, o oculto e o destruído*. In: Revista ARA. São Paulo: FAU/USP, 2017, n. 3.

SLOTERDIJK, Peter. *Regras Para o Parque Humano*. São Paulo: Estação Liberdade, 2000.

SORGNER, Stefan. *Beyond Humanism: reflections on trans and posthumanism*. Disponível na Internet em: https://jetpress.org/v21/sorgner.pdf. Acessado em 20 fev 2020.

SORGNER, Stefan Lorenz. *Nietzsche, the Overhuman, and Transhumanism*. Disponível na Internet em: http://jetpress.org/v20/sorgner.htm. Acessado em 20 fev 2020.

SORGNER, Stefan Lorenz. *Nietzsche, the Overhuman, and Transhumanism*. In: Yunus Tuncel (Org.). *Nietzsche and Transhumanism: precursor or enemy?* 1. ed. Newcastle: Cambridge Scholars Publishing, 2017, pp. 14-26.

SOUZA, Paulo César. *Cronologia, notas e prefácio*. In: Ecce Homo. São Paulo: Companhia das Letras, 2008.

SPINOZA, Baruch. *Ética*. São Paulo: Autêntica, 2009.

TCHAPEK, Karel. *A Fábrica de Robôs*. São Paulo: Hedra, 2013.

TOLEDO, Ricardo Oliveira. *As Leituras de Nietzsche Sobre Comte.* In: Estudos Nietzsche. Espírito Santo: UFES, 2016, Jul./Dez., v. 7, n. 2, p. 102-119.

TUNCEL (Org.), Yunus. *Nietzsche and Transhumanism: precursor or enemy?* 1. ed. Newcastle: Cambridge Scholars Publishing, 2017.

TURING, Alan. *Computing Machinery and Intelligence. In: The Essential Turing: Seminal Writings in Computing, Logic, Philosophy, Artificial Intelligence, and Artificial Life: Plus The Secrets of Enigma* .New York: Oxford University Press, 2004, pp. 433-464.

VITA-MORE, Natasha. *Home.* Disponível na Internet em: http://www.natasha.cc. Acesso em: 24 abr. 2018.

LISTA DE FIGURAS

POSFÁCIO

Os trabalhos de elaboração deste livro tiveram início em meados de 2017 e se estenderam até outubro de 2021. De início um projeto de pesquisa, depois uma dissertação de Mestrado, cuja defesa foi atropelada pela pandemia de Covid-19. Minha intenção inicial era transformar a dissertação em um texto mais de acordo com uma obra de divulgação científica e filosófica e publicá-la como livro físico, de modo independente, ainda em 2020.

A pandemia, no entanto, causou grandes transformações nas rotinas diárias, abalos emocionais e econômicos em meio ao pior ambiente social e político que tive a oportunidade de conhecer em meus anos de vida. Planos foram adiados por prazo indeterminado. Repentinamente me vi perdida em um labirinto de possibilidades nebulosas e recursos escassos. Somente nos últimos meses de 2021 consegui reunir alguma estabilidade emocional e retomei o projeto de publicação. Foi então que encontrei no sistema Kindle da Amazon.com o aliado que me permitia ir adiante.

Dito claramente, embora tenha sido exigido, como condição para o registro do meu diploma de Mestrado em Filosofia, que a dissertação, em suas primeiras páginas, exibisse uma declaração de reconhecimento do "apoio da Coordenacao de Aperfeiçoamento de Pessoal de Nivel Superior – Brasil (CAPES) - Código de Financiamento

001", seja lá o que for que o Ministério da Educação entenda por isso, o fato é que eu não dispus de bolsa de pesquisa e trabalhei para me manter ao longo de todo o período, o que atrasou a finalização da dissertação e exigiu prorrogações de prazos. Por consequência, ao fim do processo de pós-graduação e em meio a uma pandemia eu também não dispunha de recursos para publicar o resultado do trabalho. Então, a possibilidade de publicação em modo digital e impressa por demanda, sem nenhum custo, dispobilizada pela Amazon, foi a solução.

É preciso que se diga, também, que criou-se a falácia da bolsa de estudos meritocrática em universidades públicas que se dizem inclusivas. Em outras palavras, os "melhores" têm direito às primeiras bolsas de estudo. Os "piores" ficam com o que sobrar, se sobrar. E nada se faz contra esse *modus operandi* naturalizado — os contemplados porque não se importam e os não contemplados porque precisam correr atrás da própria subsistência por outros meios. Ora, todos aqueles que se formam, a nível de graduação, estão capacitados a exercer atividades profissionais, conforme atestam seus diplomas. Ao ingressarem em cursos de pós-graduação, são profissionais que, sob a supervisão de outros com titulação superior, desenvolverão trabalhos de pesquisa, que são objetivos das entidades universitárias dedicadas à construção do conhecimento. A pesquisa é um trabalho... E quem trabalha precisa ser remunerado, independentemente de supostos méritos, que atualmente são julgados de acordo com as conveniências das pesquisas em andamento nas universidades e dos pesquisadores contratados que nelas atuam. Convenhamos, nem nas corporações de ofício da Idade Média os aprendizes se viam desamparados! E que fique claro: a minha crítica é direcionada às políticas públicas que estão sucateando a educação brasileira dia após dia. Quando conheci a Universidade Federal do ABC, em 2012, tudo estava em construção e aperfeiçoamento, processo interrompido nos últimos anos por crescente cortes de recursos e desvalorização do conhecimento.

Por ouro lado, muito se fala dos efeitos nocivos das *big techs*, as maiores empresa de tecnologia do mundo. Eu mesma por vários anos me dediquei a estudar os processos nocivos do capitalismo, com foco em teoria critica frankfurtiana, e reconheço potenciais negativos. Porém, todo *O Super-Homem Para Além do Transumano*, em última instância é sobre equilíbrio, sobre dissernimento, sobre esclarecer-se com relação ao mundo e a si mesmo, para fazer escolhas estando ciente dos riscos que se corre, dos efeitos negativos em potencial. O que há de nocivo nessas empresas esbarra no livre-arbítrio de cada indivíduo, na possibilidade de impor limites à penetração delas em nossas rotinas diárias. É preciso dizer "sim" em certas circunstâncias e "não" em outras tantas. A disciplina individual, o exercício do domínio da própria vontade é o desafio maior dos nossos dias. Tão nietzschiano, não?

É verdade que as *big techs* se ergueram e se mantém fazendo uso de planos estratégicos que têm por fim permitir que extraiam o máximo lucro como resultado de cada uma de suas atividades. Mas, também é verdadeiro que em seus processos é possível encontrar brechas nas quais se pode exercitar a critividade e a autonomia. Quais as associações que se possa vir a fazer, talvez, entre essas novas possibilidades criativas e o nascimento de uma nova economia, e ou com políticas públicas para a cultura, é um incógnita digna de reflexões atentas.

Enquanto ciências exatas e biológicas produzem métodos, técnicas, objetos e, assim colocam no mundo as ferramentas de construção da realidade, as ciências humanas precisam identificar meios que lhes permitam ultrapassar os muros das academias e estabelecer-se em meio às massas populares, disseminando conhe-cimentos, dialogando com culturas distintas, promovendo discussões multidisciplinares bem fundamentadas, orientando novos acordos sociais e novas políticas públicas. Nesse sentido, também a Filosofia pode, e deve, assumir viés pragmático a fim de contribuir em um projeto de construção de civilização.

Neste momento, confesso que, para mim, os efeitos do sistema Kindle na cultura é um problema novo, cuja dinâmica ainda não está clara, e sobre a qual devo me debruçar a fim de vizualizar suas minúcias. O que está evidente é que sim, há brecha que possibilitam o execício de atividades criativas, possibilidades de geração de renda e de recursos que sustentem novos processos de pesquisa.

Por hora, faço votos que, por muito tempo, eu me sinta satisfeita por ter uma pequena parcela de participação no time mundial de colaboradores que estão ajudando Jeff Bezos a voar em sua nave espacial... Esfandiary, provavelmente, ficaria encantado!

Maria Helena de Novais
São Paulo, 05 de Dezembro de 2021.

Apêndice I – Breve Cronologia do Empenho Por Superar os Limites Impostos Pela Natureza: Discussões, Conflitos, Riscos e Desastres

CRONOLOGIA

1.700 a.C.	Surgimento de A *Epopeia de Gilgamesh*, de autor anônimo.
VI a.C.	Platão escreve o diálogo *Protágoras,* que mais tarde, a partir do século XV d.C., viria a influenciar as discussões sobre a defesa da dignidade humana.
1304	Dante Alighieri dá inicio à publicação do poema épico inicialmente chamado *Comédia* (posteriormente batizado por Giovanni Boccaccio como *Divina Comédia*), no qual emprega o termo *transumanar em* italiano, com o sentido aproximado de transmutação do humano concedida por graça divina.
1486	Publicação de *Discurso Sobre a Dignidade do Homem,* de Giovanni Pico Della Mirandola, obra em que, aludindo ao diálogo *Protágora*, de Platão, defende que o homem pode reconfigurar-se, recriar-se, assumir diferentes funções, inventar e reinventar-se e a seu futuro, não sendo sua liberdade contrária as disposições divinas.
1609	Surgimento da luneta astronômica (ancestral dos modernos telescópicos e microscópios digitais, indispensáveis às pesquisas científicas), desenvolvida por Galileu Galilei.
1620	Francis Bacon publica *Novum Organum,* apresetando o projeto de usar a ciência como ferramenta capaz de levar o homens a alcancar o domínio da natureza e a consequente melhoria de suas condições de vida.
1748	O médico francês Julien Onffray de La Mettrie publica *O Homem-Máquina*, obra em que apresenta sua concepção do ser humano como sistema mecânico autodeterminado.
1795	Marie Jean Antoine Nicolas de Caritat, o Marquês de Condorcet, publica *Esboço de um Quadro Histórico dos Progressos do Espírito Humano,* em que analisa o conjunto das realizações humanas e especula sobre as possibilidades de extensão da vida por meio da ciência médica aplicada.

1798   O economista britânico Thomas Robert Malthus dá início à publicação de *Ensaio Sobre o Princípio da População* (levado a cabo até 1834), no qual afirma que as populações crescem em progressão geométrica até serem limitadas pelo suprimento de alimentos, que aumenta em progressão aritmética. As teorias de Malthus, que posteriormente se mostraram incorretas, teriam influnciado o surgimentos de preconceitos e disputas de classe que se refletiriam, mais tarde, na ideologia eugenista.

1809   Jean-Baptiste Lamarck publica seu *Philosophie Zoologique,* em que defende que a vida surgiu naturalmente, como fenômeno físico espontâneo, sem qualquer intervenção divina.

1818   Mary Shelley publicava *Frankstein, ou o Prometeu Moderno,* considerada uma das primeiras obras de ficção científica.

1822   Auguste Comte, em seu texto *Programa dos Trabalhos Científicos Necessários Para Reorganizar a Sociedade,* anuncia, pela primeira vez, sua Lei dos Três Estados. Ela foi abordada, também, no *Curso de Filosofia Política,* escrito e publicado entre os anos de 1830 e 1842.

1831   Até 1835, em viagem exploratória pela América do Sul, Ilhas Gálapagos e outras regiões, Darwin coletou numerosos organismos vivos e fósseis. Suas observações o levaram a acreditar que algo alterava as espécies continuamente. Supôs, então que algumas espécies haviam derivado de outras em um longo processo evolutivo.

1844   Auguste Comte publica seu *Discurso Sobre o Espírito Positivo,* em que apresenta um estudo sobre as relações entre ciência, teologia e arte, partindo da explicitação detalhada do conceito de "positivo", conforme concebido pelo próprio Comte.

1859   Charles Darwin publica *A Origem das Espécies,* obra em que defende a existência de um um processo de "seleção natural" imposto pela natureza.

1864   Francis Galton, anuncia o seu Laboratório Antropométrico na Exposição Internacional de Saúde de Londres. Entusiasta da hipótese darwiniana da pangênse, no Laboratório

Galton procuraria registrar, a partir da aplicação de questionários, as implicações genéticas das caracteristicas fisicas e intelectuais de diferentes indivíduos. Estes os primeiros trabalhos para o desenvolvimento da Eugenia.

1865 Gregor Johann Mendel formulou e apresentou, em dois encontros na Sociedade de História Natural de Brno (Moravia), a Lei da Hereditariedade, hoje conhecida como Lei de Mendel. Porém, sua apresentação teve pouca repercussão, passando despercebida.

1866 Gregor Johann Mendel publica *Ensaio com Plantas Híbridas* e *Hierácias Obtidas pela Fecundação Artificial*. Suas descobertas indicam que nenhuma característica adquirida durante a vida passa a integrar o patrimônio genético, ao contrário do que supunha a hipótese darwiniana da pangênese. As experiências de Mendel, assim, invalidavam também a Eugenia de Galton. Porém, seus estudos não tiveram nenhuma repercussão na comunidade científica da época.

1868 Procurando explicar os fenômenos hereditários, Darwin publica *Variações de Animais e Plantas Sob Domesticação*, em que apresenta sua hipótese provisória da pangênese, baseada na suposta existência de centros produtores de gêmulas em todos os órgãos do corpo. As gêmulas permitiriam que as características adquiridas por um indivíduo, ao longo de sua vida, fossem transmitidas a seus descendentes.

1869 Galton publicou aquela que é considerada sua obra mais importante, *O Gênio Hereditário,* trabalho baseado em minucioso estudo de biografias. Neste, defende a tese de que não apenas aspectos fisicos, mas, também, capacidades intelectuais podiam ser calculadas, medidas, administradas e estimuladas por meio de casamentos criteriosos durante gerações consecutivas.

1871 Darwin publica a *A Descendência do Homem,* obra em que defende a reprodução humana controlada — chegando a afirmar ser "raro que alguém seja tão ignorante a ponto de permitir que seus piores animais se reproduzam". Seus posicionamentos contribuíram para o estabelecimento da Eugenia como ideologia, mesmo estando esta destituída de validade científica após a comprovação da falsidade da hipótese darwiniana da pangênse.

1882   Em setembro Nietzsche publica *A Gaia Ciência,* apresentando a proposta de construção de uma outra ciência, orientada por novos valores.

1883   No início do ano, Nietzsche escreve a primeira parte de *Assim Falava Zaratustra*; em julho é escrita a segunda parte.

1884   Nietzsche escreve a terceira parte de *Assim Falava Zaratustra.*

1885   Nietzsche escreve a quarta e última parte de *Assim Falava Zaratustra.* Estava completa a obra que apresenta ao mundo o tipo superior de homem nietzschieniano, o super-homem (ou além-do-homem).

1894   Então participando do Congresso Demográfico Internacional, Galton insistia em chamar a atenção para o que ele entendia como "sinais de decadência racial inglesa", ou seja, indícios de que em pouco tempo a reprodução dos individuos das classes menos desenvolvidas os levaria a superar, numericamente, os individuos "mais bem dotados".

1900   Embora estivessem disponíveis em bibliotecas da Europa e dos EUA, os trabalhos de Mendel foram redescobertos, analisados e validados por um grupo de cientistas – os botânicos Karl Correns, E. Tschermak e Hugo de Vries.

1910   Nas primeiras décadas do século XX, as pregações dos discursos eugênicos radicalizaram-se e passaram a demandar contrapartidas institucionais de controle populacional, como a esterilização compulsória de pobres, a suspensão de assistência social para famílias numerosas, além do incentivo a casamentos e reprodução entre herdeiros da aristocracia e das elites financeiras.

1920   Na década de 1920, o programa eugênico, mesmo desprovido de fundamentos científicos (seu sustentáculo teórico, a pangênese, foi invalidado pela genética mendeliana em 1866) e apenas com base em prerrogativas de senso comum, ganhava fôlego. Na Europa, nos Estados Unidos, e mesmo no Brasil, ocorreram práticas de segregação e de controle reprodutivo de seguimentos populacionais considerados fora do padrão desejável defendido pelas elites.

1921 Na década de 1920, Leonard Darwin, filho do autor de *A Evolução das Espécies*, exerceu grande influência por meio de ações de combate às politicas governamentais de amparo aos pobres e no estabelecimento de leis eugênicas na América. Em 1921 ele foi eleito presidente da Federação Internacional das Sociedades Eugênicas.

Também em 1921, o escritor tcheco Karel Tchapek publicou sua peça de teatro R.U.R. (*Rossumovi Univerzální Roboti*, ou Robos Universais do Rossum). Nela, pela primeira vez aparece a palavra *robot* ou robô — cunhada a partir de *robota* que, em certas linguas eslavas pode significar "trabalho exercido de forma compulsória ou escravo".

1922 Julian Huxley publica *Religião Sem Revelação,* em que emprega o termo transumanismo, pela primeira vez associado a transformações tecnocientíficas.

1927 John Haldane publica *Dédalus: ou a ciência e o futuro* (1927), obra em que apresenta uma longa explanação sobre o desenvolvimento científico e tendências de futuro.

1940 Nos anos 40, em meio a Segunda Guerra Mundial, práticas eugênicas culminaram com experiências realizadas em campos de concentração nazistas e no holocausto.

1945 Em 6 e 9 de agosto de 1945, as cidades de Hiroshima e Nagasaki, respectivamente, foram bombardeadas com as primeiras bombas atômicas, o que deu mostras do poder destrutivo das ciências quando aliada a práticas militares.

1947 Martin Heidegger publica *Carta Sobre o Humanismo,* em que discute o problema da formação humana.

1950 Alan Turing torna-se o primeiro a arriscar uma teoria evolucionista aplicada a *hardware*. Segundo ele, em fins do século XX estariam disponíveis computadores com cerca de 1 gigabyte de memória, o que na época era considerado algo fenomenal.

1950   Alan Turing publica *Computing Machinery and Intelligence* (1950), obra em que prevê que   os computadores acabariam por passar no que ficou conhecido como o "teste de Turing", ou seja, no teste em que um entre-vistador não pode diferenciar uma máquina de um hu-mano.

1958   O matemático polonês Stanislaw Ulam chama a atenção para o progresso sempre acelerado do desenvolvimento da tecnologia, o que levariam a uma singularidade essencial na história, para além da qual os assuntos humanos, como hoje os conhecemos, não poderiam ter continuidade. Em outras palavras, a aceleração culminaria com uma ruptura das condições de vida tal como as conhecemos (hipótese da singularidade).

1959   O físico Richard Feynman publica *Há Muito Espaço lá Embaixo: um convite para entrar em um novo campo da física, livro* em que discute as possibilidades da nanotec-nologia.

1962   Robert Ettinger publica *O Prospecto da Imortalidade*, que lança a ideia da suspensão criônica. Ele argumenta que, considerando que a atividade química fica completamente parada em temperaturas suficientemente baixas, é possível congelar uma pessoa em nitrogênio líquido, e, assim, preservar seu corpo até uma época em que a ciência seja capaz de reverter os danos do congelamento e a causa original de sua desanimação.

1965   Em artigo publicado na *Eletronic Magazine* de abril daquele ano. Gordon Moore afirma que o número de transistores em *chips* apresenta crescimento exponencial. Isto levou a formulacao da Lei de Moore, que afirma que o poder da computação duplica a cada 18 meses e 2 anos, aproximadamente.

O matemático I. J. Good reforça a hipótese da singula-ridade, lançada em 1958 por Stanislaw Ulam. Good sustenta que a criação da inteligência artificial autoa-primorável, em algum momento, resultará em mudanças radicais dentro de um período de tempo curto, o que provocará algum tipo de descontinuidade.

1969   É fundada a *American Cryonics Society,* organização que oferece serviços completos em suspensão criônica.

1972   Surgem a *Alcor Life Extension Foundation* e a *Trans Time,* organizações que oferecem serviços completos em suspensão criônica.

1976   *Nasce o Cryonics Institute, oferecendo* serviços completos em suspensão criônica.

1977   O filósofo modernista egípcio, Ihab Hassan, publica *Prometeu Como Performance: para uma cultura pós-humanista,* obra em que emprega o termo pós-humano pela primeira vez.

1983   Natasha Vita-More divulga pela Internet os princípios do movimento transumanista, destacados no *Manifesto Transumano.*

1985   A bióloga norte-americana Donna Haraway publica *Manifesto Ciborgue. Nele, a* autora defende que o homem atual já é um pós-humano, uma vez que sua natureza já teria sido alterada no momento em que utilizou objetos e substâncias que alteraram sua condição física e mental originária.

1986   Em 26 de abril ocorre o acidente nuclear na Usina de Chernobil, na cidade soviética de de Pripiat. Foram dizimados a flora circundante, a fauna e milhares de vidas humanas.

Eric Drexler publica *Máquinas da Criação, obra em que* apresenta a primeira exposição sobre a fabricação molecular. O autor defende a viabilidade da nanotecnologia baseada em montadores, explora suas consequências e traça os desafios estratégicos colocados ao seu desenvolvimento.

Também em 1986, Drexler funda o *Foresight Institute* com o objetivo de trabalhar para a implementação segura da nanotecnologia.

1988   *Surge a Extropy* Magazine. Fundada por Max More, é a primeira revista dedicada a temas transumanistas. Enfatiza tópicos como autotransformação, otimismo dinâmico, suspensão criônica, extensão da vida e imortalidade, tecnologia inteligente, ordem espontânea e sociedade aberta, entre outros.

1989 F. M. Esfandiary publica *Você é um Transumano? Monitorando e Estimulando Sua Taxa Pessoal de Crescimento Num Mundo em Rápida Mudança*, livro em que associa os recursos tecnológicos às mudanças dos hábitos de vida.

1990 Max More publica *Transumanismo: em direção a uma filosofia futurista*, procurando fundamentar o que seria o Movimento Transumanista.

1990 Fundado em 1990 e dispondo de um orçamento variável entre US$ 3 bilhoes a US$ 53 bilhões, o Projeto Genoma Humano foi dirigido por James D. Watson, então chefe dos Institutos Nacionais de Saúde dos Estados Unidos. Contava com a colaboração de mais de 5000 cientistas, de 250 diferentes laboratórios e centros de pesquisa ao redor do mundo, formando o Consórcio Internacional de Sequenciamento do Genoma Humano. Tinha como objetivo conhecer em detalhes a estrutura molecular do material genético humano e mapeá-lo, estabelecendo a sequência exata das bases nitrogenadas que o compõem.

1992 O filósofo estadunidense Max More funda o *Extropy Institute*, a primeira organização oficialmente dedicada a promover os objetivos do transumanismo de orientação tecnocientifica. Em seus primeiros anos, o Extropy, por meio de um forum de discussões on-line, reuniu pensadores de diversas áreas do conhecimento, entre eles o neurocientista Anders Sandberg, o matemático russo Alexander Chislenko, o cientista da computação Hal Finney, o economista Robin Hanson, os filósofos David Pearce e Nick Bostrom, entre outros.

1992 Eric Drexler publica *Nanosistemas: maquinaria molecular, fabricação e computação, livro* que fornece uma análise mais técnica sobre a nanotecnologia, parecendo confirmar as conclusões iniciais do autor, previamente publicadas em 1986.

1996 Anunciado o nascimento do primeiro mamífero clonado. A ovelha 6LLS ou, simplesmente Dolly, era uma cópia idêntica de outra ovelha. Dolly teve seus cromossomos originários retirados das glândulas mamárias de uma ovelha 6 anos mais velha, por meio de uma técnica conhecida como "transferência somática de núcleo". Ela viveu por carca de seis anos e foi sacrificada após desenvolver problemas pulmonares.

1998 Nick Bostrom e David Pearce fundam a *World Transhumanist Association*, com o objetivo inicial de estabelecer uma base organizacional para todos os grupos e interesses transumanistas; desenvolver um transumanismo mais maduro e academicamente respeitavel. A WTA, então publica a *Declaração Transumanista* e *Perguntas Transumaninstas (FAQ)*, ambos textos produzidos por Nick Bostrom a partir de contribuições de mais de 50 pessoas, entre elas David Pearce, Max More e Anders Sandberg.

1999 Peter Sloterdjick publica *Regras Para o Parque Humano: uma resposta à carta de Heidegger sobre o humanismo*, obra em que apresenta o conceito de antropotécnica.

1999 No dia 10 de julho de 1999 o Projeto Genoma Humano anunciado o primeiro rascunho do mapeamento do genoma humano.

2001 O projeto Genoma Humano publica na revista científica Nature de fevereiro de 2001, um esboço inicial de seus resultados de pesquisa, com cobertura de cerca de 90 por cento do genoma humano.

Em 11 de setembro, acontece o atentado terrorista em Nova York, que viria impulsionar o desenvolvimento dos sistemas digitais de vigilância e controle em todo o mundo.

2003 Em 14 de abril, em comunicado à imprensa, o Projeto Genoma Humano anuncia que seus objetivos foram atingidos com sucesso. Foi concluído o sequenciamento de 99% do genoma humano, com uma precisão de 99,99%.

Fundada a Kriorus, organização russa que oferece serviços completos de suspenção criônica.

2004

Fundado por Nick Bostrom e James Hughes o *Institute for Ethics and Emerging Technologies*.

2005   Nick Bostrom publica os artigos *História do Pensamento Transumanista* e *Valores Transumanistas*. Neste último destaca o que considera ser o núcleo dos valores do movimento transumanista: "ter a oportunidade de explorar os reinos transumanos e pós-humanos".

2008   A *World Transhumanist Association* passa a usar a marca Humanity+, ou abreviadamente H+.

A *Oxford Universiy* Press publica *Riscos Catastróficos Globais*, uma coletânea de artigos sobre os riscos envolvidos na aplicação das novas tecnologias, organizada por Nick Bostrom e Milan Cirkovic.

2009   O filósofo alemão Stefan Sorgner publica o artigo *Nietzsche, o Além-do-Homem e o Transumanismo*, na edição de março do *Journal of Evolution and Technology (JET)*, dando origem à polêmica relativa à associação do conceito nietzsciano de além-do-homem/super-homem/sobre-humano com o transumanismo.

A *Oxford Universiy Press* publica *Aprimoramento Humano*, uma coletânea de artigos sobre melhoramento humano, organizada por Nick Bostrom e Julian Savulescu.

2011   A Alcor, oganização que oferece serviços completos de suspensão criônica desde 1972, passa a ser presidida pelo filósofo Max More.

2012   Fundado o Partido da Longevidade, na Rússia.

2013   É fundado o Partido Aliança Futurista, na Espanha.

2014   Nick Bostrom publica *Superinteligência: Caminhos, Perigos e Estratégias*. Obra que discute os riscos inerentes à singularidade prevista por I. J. Good (1965) e Stanislaw Ulan (1958).

2015   É fundado o Partido Transumanista dos Estados Unidos.

2020   Organizado, no Brasil, o I Simpósio Internacional Transumanismo. Evento coordenado pelo Professor Dr. Jelson Oliveira, do Centro Hans Jonas da Pontifícia Universidade Católica do Paraná, devido as restrições provocadas pela pandemia, ocorreu online.

2021   Acontece, novamente online, o II Simpósio Internacional Transumanismo, novamente organizado sob coordenação do Professor Dr. Jelson Oliveira do Centro Hans Jonas da Pontifícia Universidade Católica do Paraná. Desta feita conta com a participação de Natasha Vita More e Stefan Sorgner, entre outros, contribuindo para a inserção dos pesquisadores brasileiros nas discussões internacionais.

Esta breve cronologia deixa claro que a luta pela superação dos limites impostos pela natureza, acontece em paralelo com a história do combate aos preconceitos e enganos. Em 2021, em meio à pandemia por coronavírus, eles se mostram tão presentes e fortes quanto em qualquer outra época.

A AUTORA

Maria Helena de Novais nasceu na cidade de São Paulo, onde reside. É pesquisadora, preparadora de textos para publicação e editora. Cursou Comunicação Social e Bacharelado em Filosofia na Universidade São Judas Tadeu (USJT), e Mestrado em Filosofia na Universidade Federal do ABC (UFABC).

Sua ambição é escrever e publicar livros que divulguem conhecimentos filosóficos, científicos e tecnológicos, estimulando o interesse do leitor por saber mais, refletir e debater os temas complexos que estão moldando o nosso presente, influenciando a construção do futuro e determinando as condições de vida das próximas gerações.

O Super-Homem Para o Além do Transumano é seu primeiro livro.

Site: helenanovais.com
Blog: https://transhumanizando.blogspot.com/
Instagram: @helenanovais_transhumanizando
E-Mail: mhelenanovais@gmail.com

1ª edição – Outubro de 2021

2ª edição – Dezembro de 2021

3ª edição – Dezembro de 2022

São Paulo – Brasil , 2022